玩故事

国家非物质文化遗产
长乐抬阁故事会探究

余思慧 著

湖南美术出版社

·长沙·

序

一丸古镇，一枚女子和一方艺术

蔡世平 / 文

　　注目一个人和一方地域是有意义的，那会丰富你的想象，并且深刻影响你的思想。游移的目光只会带来视觉的灾难和脚步的零乱。

　　注视余思慧，缘于她故乡老屋门前一棵小小树身上的一个小小节疤。这个毫不打眼的节疤，成了 2009 年余思慧水彩画系列作品《另一种注视》，也是这一年她的一个重要收获。这棵小树的节疤会不会是自然界观察身边事物的一只眼睛呢？我以为是的。在自然界，这样的眼睛一定不少，只不过以别的什么方式出现了。余思慧发现了这只眼睛，或者说这只眼睛发现了余思慧。他们对视良久，一定有过被彼此发现时的兴奋和惊喜。现在这只眼睛成了余思慧观察世界的一只眼睛。余思慧极细微地、多角度地编织了生命世界里的一个美好存在。那是一方可以自由转动的魔镜。清澈的眸子里有缓缓游动的风云和轻轻滑翔的羽翼。转换成另一种注视，又会发现眸子深处正躺着一个甜甜地进入梦乡的胎儿。这只眼睛瞬间又变成了女人身体中最为柔软曼妙的部分，那是一个人最初居住的宫殿，豪华而温暖。总之，这只眼睛任你如何解读，都会有生动的文章。这就是水彩画家余思慧——一枚智慧灵动、古典中透出新潮的湘妹子，一颗用形象和色彩来思考的年轻头颅。

　　现实生活中，艺术会以很多种方式呈现。对艺术的解读，不同的人会有不同的结果。这并不奇怪。因为人所处的环境不一样，层次不一样，追求的目标也各异。但是艺术（还有宗教和哲学）最终要讲述的其实是一个关于"有"和"无"的故事。宇宙或事物因人的存在而显示出意义。宇宙无边际，时间无始终，人的活动却有边际，人的生命却有始终。这是为什么？人始终在追问这个问题。我以为，艺术的一般境界是表现"有"的现实世界，艺术的最高境界却是表现"无"的难以穷尽却又企图穷尽、占有的世界。《登幽州台歌》如此，《红楼梦》亦如此。常人看到的是一"物"的"小有"的世界，而神（艺术）看到的却是一个"无"的"大有"的世界。从某种意义上说，"无"比"有"更丰富，也更精彩。"无"和"有"的相互转化生成，构成了这个世界的基本存在和意义。因此，在一个真正的艺术家眼里，"无"更具意义，也更能抵达人企望抵达的那个"理想世界"。正是在这种对于"无"的遐想、追求与创造中，艺术家一步步向艺术靠近，最终抵达艺术的彼岸。余思慧显然已经有了追求艺术最高境界的自觉，这种自觉对她来说是重要的，折射出她内心世界孤独寂寞而又灿烂辉煌。这正是我关注余思慧的理由。

让我们把目光收回来，再一次注视东方的一条叫作汨罗江的江。这条把伟大诗人屈原的灵魂永远留在她身边的汨罗江，被后来的人们亲切地称为"蓝墨水的上游"。如今，她仍然清澈地流淌着。江两岸是连绵不绝的青翠山峦和泛绿泛红泛黄的田野，江边瓦屋飞檐，错落成一片，静如一群过冬的候鸟，那是一座存在了两千多年的古镇——长乐镇。不知从何年何月起，有的说几百年前，有的说上千年前，长乐镇人发明了用身体来演绎故事的长乐故事会。于是这个小镇就有了另外的一个特色——长乐抬阁故事会，俗称玩故事。余思慧就出生在这个因玩故事而闻名的古镇。

余思慧是幸运的。她来到这个世界，睁开生命的第一眼，就看到汨罗江流淌的蔚蓝和古镇涌动的色彩。汨罗江的波涛和故事会的鼓点，一声声，催开了她心中的花蕾。艺术及时地进入她的生命世界。她要用笔、用色彩和文字来感知这个世界，描摹这个世界。

　　余思慧没有辜负养育她的这片土地。她于湖南师范大学成为水彩画名家朱辉教授的一名得意门生，又师从湖北美术学院丁同成导师学习设计艺术学，在水彩画和设计领域都有不俗的表现，完成了一个艺术家向更高层次迈进的前期准备。

　　我们可以把水彩画作品《另一种注视》视为余思慧对故乡的细致观察和情感表达，但无论如何只能算是一次偶然行为。自觉地对故乡小镇进行整体观察与深度思考，源于2012年她推出的《游走在空中的艺术》，这也是首本全面整理长乐抬阁故事会的专著。之后，正如注视那个树的节疤一样，她又开始几年如一日安静地与那丸古老小镇对话，并再度推出新作。无疑，她是一枚极为恋家的女子，这个"家"，可小家，可故乡，可国家，书，映衬的是她对"家"的极度眷恋。

　　这是一本通过文字和色彩对一种地域文化进行思考和阐释的书。余思慧对它进行了深度挖掘和理性思考。余思慧找出它存在的理由，以及对于一方土地、一方人事的意义。长乐抬阁故事会在余思慧时而幽微、时而明亮的文字里徐徐展开，一个古老民族的一幕幕日常生活场景被激活。"民间温情"和"民间智慧"是深刻在长乐古镇上的两方"中国印"，当然也是我们解读这本书的两个关键词。何以世世代代的长乐人把一种民间游戏重复几百遍、上千遍而不生厌？何以世世代代的长乐人走出长乐，却走不出长乐故事，以至后来离开长乐的女儿，还要回转身来，匍匐在她的脚下，专为她来写一本书？当我们沿着余思慧疏疏密密的思绪和浓浓淡淡的笔墨在长乐镇老街青石板上踩出一串咚咚的脚步声后，答案似乎就找到了；而当吸进从瓦屋飞檐上和花格窗棂里飘出的"民间烟火"味时，你一定是找到地道的"长乐感觉"了。

我一直认为，无论多么复杂、丰富的事物都能够用几个字来概括，这就是汉字的魔力，它同时也是中国人的一种思维方式。余思慧深谙汉字的独特处。她用故事之"玩""韵""源""域""承"五个汉字，凝练地概括了长乐故事的精彩动人处和千年演变史。对母语的热爱、理解、感悟和拥抱，体现了一个中国学人的智慧和治学精神。从这里也可以看出余思慧把握和控制汉语言文字的能力。她不仅画得一手好画，同时也写得一笔好文章。

　　余思慧在长乐出生长大，虽然上大学后离开了长乐，但长乐古镇的视线一直牵引着她。她背起画夹、行囊，带着对异地山河的神往，满世界地行走，奇怪的是，总也走不出长乐的那一双亲切的眼睛。只要一有闲暇，她就会被故乡的视线温顺地牵回长乐，牵回她的"家"。她的情丝缠绕着故乡土地的根须。

　　余思慧的思维是放纵的、天马行空的，但她的文字又是收敛的、有劲道的。她抓住了事物的要害，在不长的文字里就把乱麻一团、纠结了上千年的事情说清楚了，这很不容易。以我对长乐故事的了解，她的把握是准确的，结构是严谨的，条理是清晰的，文字是洗练的。作为一部著作的作者，余思慧无疑是成功的。我多么希望这本书既是一本研究民俗的有价值的学术著作，同时又能成为长乐镇的游客争相购买的一本能产生阅读期待和阅读快感的通俗读物，这样它的社会影响会更大一些。

　　这是一本关于长乐故事的书，是长乐镇的女儿献给故乡的一份礼物。长乐古镇感到欣慰，长乐镇的女儿余思慧也同样感到欣慰。

　　最后我想说的是，做一个思想者是快乐的。我多么愿意长乐人都能像余思慧一样，做一个快乐的思想者。这本书告诉我们，长乐是在历史中形成的，长乐抬阁故事会也是长乐人在漫长的历史中一点一滴积累完善起来的。长乐抬阁故事会是长乐古镇的文化标识，是一代一代长乐人永恒的文化记忆和情结。长乐因长乐抬阁故事会而精彩。一个有文化标识的地域与一个没有文化标识的地域是不一样的。长乐是一个具有独特精神风貌和独特文化气质的古镇，长乐人因此深感自豪和幸福。那么如何维系和培育长乐人的这种地域人文思想和人文情怀，就显得尤为重要。今天，当长乐人庆幸长乐抬阁故事会列入国家非物质文化遗产保护项目而着力进行旅游商业开发的时候，能否保持一定的清醒和定力，正考验着今天的长乐人。谁又能保证长乐古镇和长乐故事不会在过度开发中变得面目全非呢？需要切记的是，长乐抬阁故事会是在老街麻石缝里生长出来的，长乐抬阁故事会也是在长乐人湿润的心灵里传承下去的。这一"来"一"去"，是长乐抬阁故事会从昨天走到今天的必然路径，也是它从今天走向明天的必然路径。这是长乐抬阁故事会"保鲜"的方法，简单但不应丢失。我相信智慧的长乐人，一定会将脉把准，给长乐古镇和长乐故事一个美好的明天。

（作者为国务院参事室、中央文史研究馆中华诗词研究院原副院长）

目录

第一章 玩

玩，弄也。

艺术是生命的形象表达，它有自己的心灵深度和神奇力量。长乐抬阁故事会是典型的民俗艺术，俗称「玩故事」。「玩」在艺术发展过程中是一个极具分量和意味的字眼，在轻松愉快的氛围里，平凡的村民生活被「玩」成一个民间节目，无异于土地的诗篇，生命的歌喉。

「玩」，听起来轻松，似游戏社会，游戏人生，其实有多种释义。《颜氏家训·杂艺》云，「玩阅古今，特可宝爱」，《淮南子·精神训》云，「玩天地于掌握之中」，玩，都有玩耍、玩赏之义。《列子·黄帝》云「玩其文也久矣」，玩，已有研讨之解了……

第一节　快乐造境：空中流动的 3D 画卷

　　长乐人是爱玩的。把《楚辞》掰碎成星子撒进"蓝墨水的上游"汨罗江，"故事"便可在浪尖上发芽。长乐人是易乐的，一叶小纸船，都可涌出永不沉没的欢愉。更遑论每年年节将近，饱含"故事"的触须便无声无形、无处不在地向着小镇的四周扩散，牵着远方的游子归来，集体精心准备"年"的盛宴。年三十伊始，流动的 3D 画卷——长乐抬阁故事会便时不时在镇上的街头小巷舒展开来……

　　这里的长乐抬阁故事会，在当地村民口中称为"玩故事"，2006 年被列入首批湖南省非物质文化遗产代表性项目，报呈时名为"汨罗长乐故事会"。2011 年，被列入国家级非物质文化遗产名录，为"抬阁"序列之一，项目序号 994，编号 X-87[1]，命名为"长乐抬阁故事会"。

　　长乐，指明该非物质文化遗产代表性项目自楚以来流行于"蓝墨水的上游"——湖南省汨罗市长乐镇。

　　故事，是一个普通的名词，词典赋它以旧事、旧业、先例、典故、花样等含义。同时它也是文学体裁的一种，侧重于对事情过程的生动描述，强调情节的跌宕起伏。故事，既可文字书写，也可口头叙述。

　　当散发着泥土气息的乡村小镇长乐遇上"故事"这个平淡的词眼，便有了温暖的不同凡响的意味。两个词连接起来，就有了另一种解读。它不是用文字书写，也不是口头的叙述，而是用长乐人自己的智慧解读，将某个故事情节以人的特定造型呈现出来，即村民口中的"故事"。"故事"的计量单位为"台"，一个故事情节的造型呈现即为一台故事，一台故事可以呈现为单人造型，也可为多人造型。

　　抬阁，原指旧时民间迎神赛会中的一种游艺项目，在木制的四方形小阁里有两三个人扮饰戏曲故事中的人物，由他人抬着游行，有芯子、铁枝、飘色等不同称谓，清

图 1-1-1 玩故事迎新春

上 / 图 1-1-2 乡民们的"行为艺术"
下左 / 图 1-1-3 扎故事之高彩故事人物定型
下右 / 图 1-1-4 扎故事之画脸谱

二石生在《十洲春语·捃余》中描述："郡城于四月望赛元帅会……更以行院姣女，饰之绣缛画茧，绿绫红兜，扮演故事，谓之抬阁。"截至2025年3月，国家级非物质文化遗产代表性项目名录含"抬阁"字样的项目共32项。其表演形式多样，跨越十余省，如山西省的万荣抬阁、山东省的周村芯子、江苏省的金坛抬阁、安徽省的肘阁抬阁、广东省的吴川飘色、云南省的通海高台、福建省的海沧蜈蚣阁等，内容各有不同。

故事会，在长乐当地意为自发形成并管理该非物质文化遗产代表性项目的民间组织机构，对该非物质文化遗产代表性项目进行组织、协调、调度。其前身称"普同永三街宫"，其中，"普同永"三字分别代表长乐镇主街上的三条街道：普庆街、同庆街、永庆街。20世纪80年代更名为"故事会"，故事会的最高行政长官是"会长"，古亦有首士、头人等称谓。

长乐抬阁故事会，是以汨罗江流域楚文化为母体，以街头为舞台，以孩童造型为主体，将历代各种故事情节演绎出来的全民共创的民俗活动。它集表演、彩绘、历史、现实、文学、民情以及时代精神等于一体，独特、古老而又神秘。它是长乐人用自己的身体"做"出来的，是大大小小、男男女女的长乐全镇人纵情演绎出来的"民间大戏"。这台大戏从农历正月初一开始至正月十五结束，长达半月之久，投入的是长乐全镇的村民，演出的是一台乡村活剧、喜剧，舞台是长乐镇的大街小巷、屋场田野。这是从泥土里生长出来的乡村古镇人的"行为艺术"。（图1-1-1、图1-1-2）

长乐抬阁故事会有一系列相关的专用词，主要如下：

1. 扎故事

故事的设计、制作过程称为"扎故事"。故事的主角一般由小孩装扮，设计、制作者则为小孩的父母或亲朋好友。（图1-1-3至图1-1-5）

2. 出故事

故事在制作、组合完毕后正式出发、出场的时刻称为"出故事"（图1-1-6）。"出故事"以会旗为先导，按一定顺序排列，是故事前的亮相。它是故事的出场，告诉观众故事的主题，调动和激发观众的情绪，同时也借此向人们展示自己的实力与神采。

上左 / 图 1-1-5 扎故事之绑高跷
上右 / 图 1-1-6 出故事
下 / 图 1-1-7 上、下市街故事会

3. 玩故事

故事在麻石小街、乡间大道展示、游行的过程称为"玩故事"，这也是村民对长乐抬阁故事会的通俗表述。

4. 白故事

由于对典故不熟，在"扎故事"时导致塑造的人物形象出现公认的服装、配饰、妆容等错误，称"白故事"。白故事的出现，一般制作者不自知，常在展示的过程中被观看的村民挑错指出，易沦为笑柄。

5. 上市街故事会与下市街故事会

长乐镇以照壁巷为界，南北向自然延伸，南为下市街，北为上市街，故事会也分为"上市街故事会"和"下市街故事会"，相应的村民小组也就有了分属。同时，附近村落亦进行划分：大屋周、官门杨、陈家门、鲁家塅等靠北村落，含周、杨、陈、鲁等主要姓氏，协助上市街；平江王家巷与李家河，长乐的丁家河、傅家河、荣家塅等靠南村落，含余、王、杜、李、丁、傅、荣等姓氏，协助下市街；其余乡邻可观看但不得参与。故事会成员均为民间业余，不计报酬。在外人看来自然一体的小镇，在玩故事过程中却是楚河汉界，阵线分明。上市街故事会与下市街故事会是博弈的两大阵营，也是叫阵的两支队伍。但出了镇子到外地演出，就合为一家，统称为"长乐抬阁故事会"。（图1-1-7）

长乐抬阁故事会是"玩"出来的。

玩，是人的天性，更是一种精神需要。快乐时，玩是锦上添花；不快乐时，玩是雪中送炭。长乐人用一个"玩"字，把生存的艰辛变成了生活的艺术，把平淡的日子过成了诗。"长乐"，长长久久的快乐。这不仅是村名，更是村民们对美好生活的集体想象。而这份想象，又像魔法一样，让长乐人的生活变得更加圆满。由此，他们发明了一种独特的"解忧游戏"——玩故事。它像一把神奇的钥匙，打开了小镇的快乐之门，为平凡的生活注入了斑斓的色彩；它消解了长乐人生活中的烦恼与忧愁，教会了人们如何在生活的缝隙里，种下一颗颗快乐的种子，让它们在时光里生根发芽，长成一片永不凋零的乐园，释放出长乐人的精、气、神，这便是长乐抬阁故事会 "玩"字的真意。

长乐抬阁故事会的 "玩"是诙谐的。它将深奥的道理用诙谐的形式甚至让人捧腹大笑的造型表达出来。

长乐抬阁故事会的 "玩"是欢快的。它打破了尊卑常规，创造了一种形式，让男女老幼一起释放生命的激情与快乐。

长乐抬阁故事会的 "玩"是开放的。它有传统但又不固守传统，即兴创作，临场发挥，显示了它的无穷活力。

长乐抬阁故事会的 "玩"是情欲的。它或含蓄神秘或奔放炽烈，将人性深处的本能欲望升华为具有仪式感的艺术语言，是真正的人的艺术。

长乐抬阁故事会的 "玩"是能玩出极限的，五六米的高跷能轻松拿捏。

长乐抬阁故事会的 "玩"是集体性的，无论男女，无论老少，全镇人都变成演员或制作者、参与者、观赏者、评价者，集体性地演出一场大戏，有强大的凝聚力。

它是中国乃至世界的一个独一无二的故事。

它是千年楚文化与乡土智慧碰撞出的非遗活化石。

凌空造梦：抬阁造型的四维重奏

也许是基因里带了个"乐"字，长乐人似乎总沉醉于瑰丽的想象，并以希冀为梭，带着孩子一起乐此不疲地编织着造型的梦境。

造型，指创造出的物体形象。长乐抬阁故事会造型依不同故事情节、类型有不同的样式，其主体分为"地故事""地台故事""高彩故事""高跷故事"四大类型，"玩故事"过程中，其出场顺序也按此排列。造型是无声的，但有表情有动作，表演者均着或鲜艳或暗沉的古装戏服，以区别于当代人的生活，让人们一看就知道是在"演戏"。它可单独表现，也可集体演出。"玩故事"以会旗、彩旗、横竖牌为先导，其间有玩龙、舞狮等，以鼓、锣、钹等伴乐，渲染气氛，热闹非凡。故事表演的内容来源广泛，文学历史、神话传说、当前时事、个人想象等均可用于造型。

喜庆节假、婚嫁丧娶，长乐抬阁故事会俱兴之，而以春节至元宵节期间最为盛大。

腊月是长乐抬阁故事会的前奏。

这时，春节的脚步踩着长乐人心中的鼓点缓缓靠近，村民们的情绪随着新年临近慢慢升腾。长乐抬阁故事会的气息伴随着年货的准备开始在镇子里、乡野间弥漫。"故事会"的两大营垒——"上市街故事会"和"下市街故事会"行动了。他们在筹划、安排、调度，暗暗较着劲儿，一定要争个头彩，"密探"会将搜集到的情报随时报告会长。

新年的太阳从智峰山头升起，染红了汨罗江的水波，也染红了小镇的情绪。麻石街上的脚步稠了。故事会的锣鼓响了。故事，也"玩"起来了。长乐镇上、下市街故事会，不定期分别开始演绎一台台"故事"，化浓妆着古装艳服，穿街而行，一般一次展示需要一到两个小时。元宵节，其规模达到最高峰，其造型独具特色，令人瞩目。

（为简便通俗，从下文起，长乐抬阁故事会均表述为"玩故事"。）

重奏一 地故事：喜逗趣的市井剧场

"地故事"是玩故事的开篇，即不依附载体，直接在地上行走的"故事"。由一个或多人组合边行走边变换动作，以灵活、轻巧、滑稽的造型为主，用以逗趣和吸睛，一般打头阵，行走于"故事"的前面。传统形象有"大脑壳（大头娃娃）""细脑壳（小头娃娃）""采莲船""地花鼓""穿胸官""蚌壳精"等等。

例1："大脑壳"和"细脑壳"

故事情节：该"故事"无具体情节，主要通过服装、面具塑造出夸张的人物形象，起调节气氛的作用。

造型样式：

几个纤瘦的人戴着或大如巴斗或小如拳头的面具摇头晃脑，手舞足蹈，间或与观众相望，撒娇，拉手，晃臂，嬉笑，摆腰，摇扇，动作随性、夸张，以活跃气氛，调动观众的情绪。

"大脑壳"一般挑选个头矮小的人，面具如大头盔，只前面留两个小洞便于表演者向外观看，一律状如年画中的胖娃娃，面若桃花，眉开眼笑，憨态可爱。（图1-2-1）

"细脑壳"一般是看起来身高两三米、脑袋极小的高瘦之人。"细"在长乐是小的意思。实际由一身材高挑的大人肩驮一小孩，外套一条宽松的深色袍子，只露出小孩头部，小孩戴一鼻头点白的滑稽小丑面具，让人只能仰望，并产生惊奇和怪异之感。（图1-2-2）

"大脑壳"与"细脑壳"在造型上形成强烈对比，一高一矮，一胖一瘦，一大一小，别有风味。（图1-2-3）

上 / 图 1-2-1 地故事：大脑壳
下左 / 图 1-2-2 地故事：细脑壳
下右 / 图 1-2-3 大脑壳、细脑壳与行人逗趣

图 1-2-4 地故事：老汉驮妻

例2："老汉驮妻"

故事情节：源自民间故事。

明朝时一贫苦少年刘长生在张员外家打工十余年，与其残疾女儿张满花相恋，却遭嫌贫爱富的张员外反对，无奈之下，刘长生背着恋人远走他乡。二十余年后，张满花思家心切，刘长生为了其心愿，历尽艰难，翻山越岭，背其回娘家。

造型样式：

表演去其辛酸取其诙谐处，一人分饰两个角色。表演者上半身化装成女子，或巧笑倩兮，美目盼兮，云髻高盘，媚态横生；或穿红戴绿，涂脂抹粉，妆容俗艳，胭脂殷红，偶作愁苦状。下半身做乡村沧桑老汉状，身瘦如柴，足穿草鞋，高挽裤脚，可怜兮兮。同时将一个化装好的傀儡老头上半身捆于胸前，面黑如泥，弯腰驼背，头戴草帽。女人傀儡下半身则捆于表演者后腰部，尖尖小脚蹬绣花鞋。"老汉"再装上一双假手抱女人傀儡臀部，真手则一手拿大花手绢，一手摇蒲扇，时俯时仰，左顾右盼，做出各种滑稽动作，活生生一个"老汉驮娇妻"。（图1-2-4）

例3："穿胸官"

故事情节：取自古时为官坐轿生活片段。

造型样式：

穿胸官由一着古装官服的小孩表演。一根竹竿从小孩胸前"穿"过，由另外两个大人抬着竹竿两端，三人做或痛苦或狰狞或大笑等夸张状，表演生活情态，逼真可感。虽然小孩笑盈盈的，可还是让人忍不住担心，不晓得那被竹竿从胸前"穿过"并悬挂起来的感觉到底有几多疼。（图1-2-5）

例4："采莲船"

故事情节：长乐镇地处汨罗江边，为鱼米之乡，盛产莲藕，采莲船应运而生。又有传说云，汨罗江上一座桥年久失修，观音菩萨自南海而来，化身俊俏女子，乘一采莲小船沿河而上筹集修桥款，桥修好后，观音化为祥云而去。匠人依记忆造了一只同款采莲船，以资纪念。

造型样式：

以轻巧竹木为骨架制作船身，外裱糊彩绸或彩纸，无船底，船中仅容纳一人，其双手提左右船栏，行走富于节奏感，体态轻盈，似船在水中轻轻荡漾。如船身往前倾，船中人先沉腰轻跨三步，继而提船起身后退一步，如此反复，口中清唱"采莲船啊哟喂，把篙撑哎滑嗦……"，边唱边逐步表演前行，唱腔具有典型的长乐山歌韵味。地故事采莲船是少有的连演带唱的样式。

后来也有一女子装扮成船中采莲女，手扶船栏，或前后摆动，或三步一扭摇曳生姿，其上为宝塔亭阁形盖顶。船边有一男子扮成渔夫，一手持竹篙，一手牵引彩船做荡船状或跑圆场。（图1-2-6）

例5："蚌壳精"

故事情节：源于民间传说。

一个叫水生的小伙子自幼父母双亡，靠捕鱼为生。有次他捕到一只坚实光亮的大蚌，内有无数珍珠，极为罕见。他想这蚌长这么大很不容易，就放回江里，之后每天打鱼回家发现桌上有热腾腾的饭菜，家里打扫得干干净净。后来，他才知原来是那只蚌变成女子给他报恩的，于是两人成婚，形影不离，开启了幸福生活的模式。

造型样式：

一般由粉雕玉琢般的女孩饰演，打扮精致，身姿娇柔。女子置于"蚌壳"内，随节奏舞动，开合自如，曼妙动人。"蚌壳"巨大，且装饰华美，或蒙以红布或绕各色彩绸，有荷叶边。有时，蚌壳精身边还会添加一两个渔夫装扮的人，手持船桨，身披蓑头戴笠，手之舞之，足之蹈之，又称"渔翁戏蚌"。

蚌壳精实为性文化的生动呈现。在古老的湘楚文化里，蚌壳因为其形象可开可合，又孕珍珠，常用它喻指女性。

而"精"，总多多少少跟或狐媚或温柔或多情的女子联系在一起，让人联想翩翩。玩故事里的蚌壳精也不例外。（图1-2-7）

上/图1-2-5 地故事：穿胸官
下/图1-2-6 地故事：采莲船

图 1-2-7 地故事：蚌壳精

重奏二 地台故事：会呼吸的真人"手办"

"地台故事"又称矮故事，通常用木料做成长一至两米，宽、高约一米的抬阁（也有根据情境做得更大的），上面如一个小舞台，诠释"故事"的小朋友化装后依设想情境或站或坐。抬阁由四人抬着行走，或装置轮子用以推行，故称"地台故事"。抬或推抬阁故事的一般是表演者的父母或亲戚，一面使着力，一面充当着"护童使者"。

"地台故事"的人物须由面容姣好的十岁以下的儿童扮演。一个小舞台就是一台故事。故事常取材于可歌可感的历史题材，或当代发生的重大事件，或村民身边的有趣事情。经典故事有"岳母刺字""平五路""凤仪亭""八仙过海""梁山伯与祝英台""萧何月下追韩信""桃园结义""六和塔"等。（图1-2-8）

小舞台布景较为讲究，依情节而设。舞台周围饰以彩绸布，以红色为主；或饰各类金银锡纸；或饰其他各种物件，如将各色豆子（扁豆、黑豆、黄豆、眉豆等）或红枣、花生等一个个用线穿好，巧用颜色结成各种图案；或用不同色彩的丝线、大小形状各异的镜子、艳丽彩绸等，别出心裁。手巧者山石林泉、亭台楼阁、桥梁船舶等样式无

右／图1-2-9 地台故事：岳母刺字
左／图1-2-8 地台故事：六和塔

不信手拈来。

例1："岳母刺字"

故事情节：初源于宋代，后口口相传。宋元帅宗泽病重，印信交岳飞代管，吐血而死。杜充奉旨代为掌印，抗金不力，岳飞心情郁闷，私自回家探母。岳母促其回营抗敌，并在岳飞背上刺"精忠报国"四字，督其报效祖国。后清乾隆年杭州钱彩评书《精忠说岳》，记载"刺精忠岳母训子"。

造型样式：

供了香火的香台上立了旁配对联的"天地君亲师位"。饰岳飞的男童半裸其背，背上描好"精忠报国"四个朱红大字，面对香台盘坐地上。扮演岳母的女童面目清秀而表情严肃，她身着素装，手持毛笔端详着岳飞背上刚写好的字，浩然之气油然而生。（图1-2-9）

例2："许仙游湖"

故事情节：源自民间传说《白蛇传》。

两条修炼成了人形的蛇精羡慕多彩人生，化身为人，分别取名白素贞、小青，装扮成主仆于西湖边游玩，却遇倾盆大雨，转身，见温文尔雅的书生许仙为她们撑伞遮雨。白素贞与许仙互生情愫，之后不时流连于西湖美景。

造型样式：

以绿绸为基调，布置成西湖景象。抬阁扎成一艘江南常见的乌篷船，上设小桌，陈香、果、酒等。人物则着戏装，勾脸谱，妆成白蛇娘娘、许仙和青蛇，悠闲而坐，轻言细语，间或撑一雨伞立于船头。船尾立一艄公做摇橹状。整体色调清雅，富于情调。（图1-2-10）

例3："桃园结义"

故事情节：源于罗贯中的《三国演义》。

东汉末年，朝政腐败，连年灾荒，人民生活困苦。刘备有意拯救百姓，张飞、关羽又愿与刘备共同干一番事业。三人选定张飞庄后一个桃林，焚香礼拜，举酒结义，刘备年长为大，关羽第二，张飞最小为弟，同时对天盟誓，有苦同受，有难同当，有

上左 / 图 1-2-10 地台故事：许仙游湖
上右 / 图 1-2-11 地台故事：桃园结义
下 / 图 1-2-12 地台故事：龙生九子

福同享。

造型样式：

仿桃园情景，以木条、绿绸、仿真桃子等做成数棵桃树，或找棵桃树，折一枝繁叶茂的桃树枝，树下设一长桌，桌上陈设香、烛、果、酒。表演者妆成神情迥异的刘备、关羽、张飞，立于案前做盟誓状。（图1-2-11）

例4："龙生九子"

故事情节：源自古时民间传说。

古有"龙生九子，不成龙，各有所好"之说。意为一条龙所生的九条小龙，它们外形、性格各异，依次为囚牛、睚眦、嘲风、蒲牢、狻猊、霸下、狴犴、赑屃、螭吻。中国传统文化中，九表示极多，是个虚数，也是贵数，有至高无上地位。

造型样式：

以竹为骨架打造龙体，外覆黄绸，龙角、龙鳞、龙舌以红绸制作，抬阁上为龙的背部，里面或坐或站九个小娃饰龙子，姿态、神情各异。（图1-2-12）

例5："平五路"

故事情节：源于罗贯中的《三国演义》。

刘备亡，称帝不久的曹丕乘机伐蜀，联络了五路大军，分别为：辽西羌兵10万，攻西平关；南蛮王孟率兵10万，攻打益州、永昌等郡；孙权率兵10万，取涪城；孟达率兵10万，攻汉中；曹真率兵10万，出阳平关取西川。蜀国闻50万兵马分五路来犯，上下惶恐，此时诸葛亮却推病数日闭门不出。后主刘禅亲自去丞相府，却见诸葛亮正悠悠然观池子里游鱼，他告诉焦急万分的后主："陛下不必忧心，四路大兵我已退，唯东吴一路，正考虑派使者前去，退之容易！"刘禅一听大喜，这才放下心来。

造型样式：

幼童扮演的诸葛亮闲坐亭中，悠然自得。亭外演刘禅的小童前来探望，焦急而立。（图1-2-13）

例6："太白醉酒"

故事情节：源自杜甫的《饮中八仙歌》及古时民间小故事。

平常一日，镇上一私塾里，老先生摇头晃脑，动情吟诵《饮中八仙歌》："……李白一斗诗百篇，长安市上酒家眠。天子呼来不上船，自称臣是酒中仙。"有一调皮学生举手站起来，说："老师，非也，非长安市上，是长乐街上。"教室里哄堂大笑。此后传为笑谈。

造型样式：

一小子唇红齿白，着古装，以桀骜不驯之姿势左手随意搭于桌上，右手举一装"酒"的葫芦畅饮。（图1-2-14）

地台故事因人物为幼童扮演，本色的天真烂漫与故作成熟的角色扮相形成有趣的反差，如放大版真人"手办"，妆容、环境布置更体现了扎故事人家（户主）的审美情趣。

左／图1-2-13 地台故事：平五路
右／图1-2-14 地台故事：太白醉酒

21

重奏三　高彩故事：撼人心魄的悬空哑剧

高彩故事的出彩点在台上，在空中。它由地台故事演化而来。

同样是木质抬阁，同样被抬或推着行走，同样有一人或多人置于基台，但多了悬于空中的人物。将铁条或竹竿弯曲成形，用特殊技巧固定小朋友，悬在空中，来演绎各色故事。一至数人（一般为儿童）悬于空中是高彩故事的显著特征。如"蔡坤山耕田"中，犁尖上悬空站一小女孩扮演的"农妇"。"闹江州"中，梁山好汉李逵与晁盖两人均非行走于地，而是晁盖立于李逵举起的刀上。"包青天"中，包拯的随行人员或立或垒搭至半空……看起来让人惊心动魄。（图1-2-15、图1-2-16）

高彩故事制作最为复杂，有一定刺激性和挑战性，需要细致的工序和精心的设计，扎悬空人物因离地面太高，常需先搭人字梯。（图1-2-17）

制成后悬于高空的人物效果应大方自然，不能看出捆绑之痕迹，捆绑部位应被服饰或道具等巧妙掩盖。扮演者要认真挑选。悬于高空的须为一两岁的幼童，并且要体轻、胆大、不怯场。传统的高彩故事有"苏三起解""大战陆文龙""醉打蒋门神""认父""铁弓缘""三打白骨精""大闹天宫""枪挑小梁王"等。（图1-2-18、图1-2-19）

例1："认父"（又称"托塔李天王"）

故事情节：源于明代许仲琳小说《封神演义》。

哪吒7岁闹海屠龙，借莲藕重生后，太乙真人借天尊磨他杀性，燃灯道人将玲珑宝塔赐予李靖，以压制哪吒，使其低头认父。之后父子在西岐军中立下汗马功劳。

造型样式：

托塔李天王李靖居下，立于基台，右手托着一座高约40厘米的玲珑宝塔。哪吒悬空，仅左脚立于塔尖，右脚则向前凌空跨出，脚下风火轮快速旋转，两手一执混天绫，一握乾坤圈，做出各种动作。（图1-2-20）

例2："大闹天宫"

故事情节：源于明代小说《西游记》。

玉帝假意封猴王（孙悟空）为"齐天大圣"，命其在天宫掌管蟠桃园。一日，猴王得知王母娘娘设蟠桃宴，请了除他之外的各路神仙，火冒三丈，大闹瑶池，打得杯盘狼藉。他开怀畅饮，吃了太上老君的金丹，搜罗了所有的酒菜瓜果，回花果山与众猴摆开了神仙酒会，之后在被玉帝、太上老君捉拿过程中神勇无比，把天宫搅得天翻地覆。

　　造型样式：

　　身着红装，扮成红脸的孙悟空圆睁火眼金睛，怒持金箍棒，斜身朝下，向太上老君的炼丹炉狠狠砸去。将扮演者固定在空中的奥妙全在金箍棒里。金箍棒的中间偏上端连了一个小小的铁架，扮演者可坐于其上，铁架被扮演者的衣襟巧妙地盖住，金箍棒下端的支撑点则正好连接炼丹炉的顶端。（图1-2-21）

图1-2-15 高彩故事：包青天　　　　　　　　　图1-2-16 高彩故事：闹江州

上左 / 图 1-2-17 高彩故事工序：扎悬空人物
上右 / 图 1-2-18 高彩故事：枪挑小梁王
下左 / 图 1-2-19 高彩故事：野猪林
下右 / 图 1-2-20 高彩故事：认父

例 3："屠夫状元"

故事情节：源于传统戏曲《屠夫状元》。

明代，隆冬，屠夫胡山于雪中救活忠臣党秉忠之后党金龙。二人结为异姓兄弟。党金龙进京高中状元后，认贼作父，卖身求荣。党母携女党凤英进京寻子，偶遇游春的儿子，党金龙怕其认出，将生母踢进水中，幸有胡山救起，认作干娘。之后，党母赠传家宝夜明珠予胡山，嘱其进京献宝。党金龙丧尽天良，欲杀母、妹，胡山激于义愤刺死奸臣，推忘恩负义的党金龙于河中。胡山由此得皇上赏识，加官一品，辅佐太子继位，并与党凤英结为夫妇，党母加封为一品诰命夫人。

造型样式：

一小孩扮妇（党凤英）立于基台，右手举起屠凳，凳上插了一把雪亮的屠刀，新中状元的屠夫（胡山）踌躇满志地单脚立于屠刀上，让人心惊肉跳。扮屠夫的小孩用戏服巧妙地将中心支撑棒及安坐的小凳遮住，而"屠夫"的整个身体实际靠铁棒支撑，看去奇巧动人。（图1-2-22）

例 4："醉打蒋门神"

故事情节：源于元末明初施耐庵小说《水浒传》。

武松被发配至孟州牢营时与管营施忠之子施恩结拜为兄弟。施恩的酒肆被恶霸蒋门神霸占，武松闻之大怒，带酒赶至快活林，使玉环步，踢鸳鸯脚，痛打蒋门神，夺回酒肆。

造型样式：

一小孩装扮成武松，扛大刀，醉姿俯头，一脚悬空，一脚踏于恶霸蒋门神身上，另一小孩装扮的蒋门神做被踢倒躺于地的姿势。（图1-2-23）

例 5："大战陆文龙"

故事情节：源于《说岳全传》。

潞安州陆登之子陆文龙年幼被金兵掳走，并被四太子金兀术认为义子，长大后武艺高强，随金兵南下。岳家军中良将罗延庆、余化龙大战陆文龙，双方不分高下。后来，

上左／图 1-2-21 高彩故事：大闹天宫
上中／图 1-2-22 高彩故事：屠夫状元
上右／图 1-2-23 高彩故事：醉打蒋门神
下／图 1-2-24 高彩故事：大战陆文龙

陆文龙在得知自己身世后返回宋朝，成为岳家军中的一员猛将。

造型样式：

三个小孩分别扮成陆文龙、罗延庆、余化龙三名武将，陆文龙居下，双手高举双枪，罗延庆、余化龙二人高悬于空中，从左、右两方刺向陆文龙，三人在空中的连接方式是仅罗、余两人的枪分别与陆的双枪相交，形成激战之势。（图1-2-24）

例6："杨家将"

故事情节：源于民间评书。

宋仁宗年间，西夏王文进犯边境，杨宗保中箭身亡。正在庆祝宗保五十大寿的杨家众女将悲痛万分，佘太君充满怒火，为夫为子为孙亲自挂帅，率杨家十二寡妇及重孙文广出征杀敌，布下灭敌妙计，报了国仇家恨，胜利还朝。

造型样式："佘太君"静坐中央，仪态万方，众"杨家将"从下至上叠成三层，在空中形成立面扇形环绕其身边，看上去惊险而威武。十几个小孩，其萌萌表情与造型传达的气势形成强烈的反差。（图1-2-25）

高彩故事里悬于空中的小朋友因艺高胆大常被父母引以为豪，并被其他小朋友艳羡。

图 1-2-25 高彩故事：杨家将

重奏四　高跷故事：挑战极限的高跷王者

高跷故事俗称踩高脚，在玩故事中最具难度，也堪称高潮部分。如果说地台故事与高彩故事是选取某一故事片段，以人的造型静态地凝固在空中，高跷故事则以高度、动态挑战着人的极限，并被精心置于故事队伍的末端，是玩故事的压轴好戏。

高跷故事的辅助表演道具（即高跷）一套两根，用粗细适当的长杉木制成，一般高1米至5米不等。杉木上方有一小块不到两寸宽的踏板，便于表演者以布条捆绑于小腿并踩于踏板。表演者小孩、大人都有，他们勾脸谱着戏装，脚踏于踏板上前行，徒手或手持刀、枪、剑、戟等各种道具直立行走。技艺高超者可以潇洒自如地做出扭、跳、弯腰、后仰等各种惊险动作。高跷可以不表现故事情节，仅着古装踩高跷显其惊险，也可以根据所表现的内容，由单人或多人组合表演，组合形式可随意，或按历史故事编排，如"三雄战吕布""赵子龙力斩五将""夜打登州""十二寡妇征西""梁山好汉"等。排列顺序则从前至后由低到高，看起来井然有序。（图1-2-26至图1-2-28）

例1："三雄战吕布"（也称"三英战吕布"）

故事情节：源自《三国演义》第五回"发矫诏诸镇应曹公　破关兵三英战吕布"。

曹操联合十八路诸侯讨伐董卓，猛将吕布一连打败众将，心系天下苍生、意欲匡扶汉室的刘备与结拜兄弟关羽、张飞挺身而出，率兵在虎牢关与猛将吕布展开酣畅淋漓的沙场血拼，进行殊死战斗。三雄即刘备、关羽、张飞。

造型样式：四人装扮成吕布、刘备、关羽、张飞四将，分别持方天画戟、双股剑、青龙偃月刀、丈八蛇矛，踩高跷前行，主要以神情、动作、高度胜出。（图1-2-29）

例2："三下河东"

故事情节：源自民间评书《赵匡胤三下河东》。

公元960年正月，陈桥兵变，赵匡胤黄袍加身建立宋朝，为宋太祖。平息了后周节臣李重进等兵变之后，他为了拓宽领土，结束五代乱世，开始逐步加强统治，各方征伐。

上左 / 图 1-2-26 高跷故事
上中 / 图 1-2-27 高跷故事
上右 / 图 1-2-28 高跷故事
下左 / 图 1-2-29 高跷故事：三雄战吕布
下中 / 图 1-2-30 高跷故事：三下河东
下右 / 图 1-2-31 高跷故事：梁山好汉（长乐故事博物馆老资料）

其间，被困河东，几经曲折，河东得以平定。

造型样式：一众男子装扮成武将模样，手持各式兵器，踩高跷前行。（图1-2-30）

例3："十二寡妇征西"

故事情节：源自《杨家将》。

西夏入侵宋朝，杨宗保率兵迎战不敌，杨门女将穆桂英遂与杨门孤寡共十二女将征西，奋力抵抗外侮，保家卫国。

造型样式：

十二名女子装扮成武旦，各踩高跷前行，穿清一色铠甲，四面三角威武旗迎风飘动，英姿飒爽。

例4："梁山好汉"（也称"水泊群雄"）

故事情节：源自元末明初施耐庵小说《水浒传》。

北宋徽宗时期，朝廷无能，奸臣当道，百姓生活于水深火热之中，众好汉被逼由四方集聚梁山，揭竿起义，替"天"行道，共有宋江、卢俊义、吴用、公孙胜等一百零八个好汉。

造型样式：

它是高跷中的大戏，其浩大磅礴、气势恢宏的阵容，让人震撼。

一百零八将着各色好汉服饰，化各式好汉妆容，各具形态，由矮到高地踩着高跷成双列队前进。前面一人高举杏黄旗，上书"替天行道"四个遒劲大字。随后二人各执一旗，分别书"山东呼保义"和"河北玉麒麟"大字，并配以彩旗、号角、威风锣鼓等。一眼望去，古老的麻石街上，一队人马仿若从古代的时空隧道穿越而来，气宇轩昂地行走在小镇的半空中，衣甲火红，旌旗猎猎，浩浩荡荡，蔚为壮观。（图1-2-31）

人们将玩故事誉为"游走在空中的行为艺术"，实无半点夸张。

助攻样式一：威风锣鼓之楚脉律动

长乐人是善营造气氛的。扎故事尚在漫长的装扮过程中时，锣鼓的喧嚣已经先行给看客们报信了。锣鼓一响，地动山摇，好像在强劲地嚷："玩故事喽！"让人未见其形先闻其声。就这样，欢乐，热热烈烈地营造了。人，一个个唤出来了，瞬间就扎成堆、闹成片了。

锣鼓是玩故事中必不可少的打击乐器。

锣鼓的组合包括鼓、锣、钹等，长乐人将一鼓、一锣、一钹设为一套，上市街故事会和下市街故事会一次分别可出动 20 套。鼓含威风锣鼓和小锣鼓两种。乐器的数量和组合配置，以及演奏出来的各种节奏花样随玩故事项目的多少、"玩"的隆重程度而定。

打击套路有狮子滚球、长鼓溜子、喜鹊噪梅、金蛇狂舞、节节风、转四季头、抽头、催锣鼓、炮锣等，这些套路经过了历代长乐人的层层沉淀，形成了长乐特有的样式。敲响起来轻击如罗裙微动，鸟语嘤嘤；重擂似惊涛拍岸，春雷滚滚。

长乐人玩故事，好玩也善玩大鼓（直径1.2米及以上）、铜锣（直径1米），其中最震撼的是威风锣鼓，鼓点刚烈狂放。敲锣打鼓者不仅需技艺精湛，还需精力充沛，其脚步腾挪巧移，鼓声配合舞步，时轻时重，时快时慢，时而似行云流水，时而如万马奔腾，时而像雨打芭蕉，时而若金蛇狂舞，狂放绚烂，给故事会增添了喜庆、热烈的气氛。（图1-2-32至图1-2-35）

例1："狮子滚球"击鼓套路

嘀嗒嘀嗒锵，

叮隆嘣锵，

嘀嗒嗒 - 锵锵叮锵 - 叮叮锵，

嘀嗒嗒 - 锵叮锵，

嘀嗒嗒 - 锵叮锵，

嘀嗒锵锵 - 嘀嗒锵锵 - 锵啦个锵叮锵。

图 1-2-32 敲起威风锣鼓

例2："长鼓溜子"击鼓套路

嘀嗒嘀嗒锵，

叮隆嘣锵，

叮隆嘣，

叮隆嘣，

叮隆嘣锵。

（注：各套路均反复敲击，中途可随意变化）

助攻样式二：玩龙舞狮之神兽醒春

龙是中华民族最古老的图腾之一，早在五六千年前，新石器时代的红山文化时期，先人们就雕刻各种C形玉龙等作为礼器，拜祭天地山川。鹿角、牛头、驴嘴、虾眼、象耳、鱼鳞、人须、蛇腹、凤足的组合，蕴含了中国人所期望的美德和优秀品质。狮子也为瑞兽，代表了吉祥、尊贵、勇猛。许多地方逢年过节有玩龙舞狮的习俗，表演者随锣鼓音乐做出龙和狮的各种形态动作。

图1-2-33 铜锣

图1-2-34 冰寒天赤膊打大鼓

图1-2-35 大鼓有专人拉车

上 / 图 1-2-36 舞龙
下 / 图 1-2-37 舞狮

长乐玩龙、舞狮形式灵活，可穿插于玩故事间，在锣鼓声中以龙、狮开场，把消灾除害、求吉纳福的美好意愿都托付其中。玩龙舞狮也可以单独进行，规模小者，节间在街上游走，途中被各家各户请至家中祈福，家敞亮的，即开启玩龙花式。而镇辖各村、队间会有专场规模大的玩龙仪式。村民先设立祭坛，通过传统祭祀仪式"请龙"，祈求神龙赐福；继而由接龙方与玩龙方共同完成"接龙"，双方推选才俊互致祝词，内容多结合楚辞文风，表达对新春的祝福及家国昌盛的祈愿，该环节被称为"接龙文斗"；最后，各村玩龙队开始巡游表演。玩龙最火爆的，莫过于九龙齐舞，巡游过程中有宽阔的地儿便停下来，九条龙组成各样龙阵，穿梭、腾跃、顾盼，回环逶迤，大有气吞山河之势，不若在人间。（图1-2-36、图1-2-37）

龙身常用竹扎成圆筒状，节节相连。在中国，"九"为至尊，龙的节数也以单数为吉利，一般为九节龙、十一节龙、十三节龙等。其外面覆罩着精心描绘了龙鳞的布或纸，每隔五六尺有一人掌竿，掌竿人须身体强健力大，首尾相距约莫有十数丈。龙头前由一人持竿，竿顶竖一红色或金色的巨球，谓龙珠，作为引导。舞时，巨球前后左右摇摆，龙首作抢球状，引起龙身游走飞动。舞龙的动作千变万化，较常见的动作有蛟龙漫游、龙头钻档子、头尾齐钻、龙摆尾和蛇蜕皮等。

长乐人爱玩"火龙"和"绣花龙"。火龙用竹篾编成圆筒，形成笼子，糊上透明、漂亮的龙衣，内燃蜡烛或灯，夜间表演十分壮观，如金龙追逐宝珠，飞腾跳跃，时而入海破浪，时而飞入云端。绣花龙的龙衣则全部彩绘，甚至用丝线绣成，看起来更为精致，玩法则与火龙无大异。（图1-2-38、图1-2-39）

狮则成对出现。其外形夸张，狮头圆大，眼睛灵动，大嘴张合有度。表演时由两人前后配合，前者双手执道具戴在头上扮演狮头，后者披上红色毛缀成的狮皮饰盖扮演狮身，两人合作扮成一只大狮子，模仿狮子的看、站、走、跑、跳、滚、抓痒、迎宾、施礼、惊跃等动作。（图1-2-40）

上／图 1-2-38 金龙狂舞　　中／图 1-2-39 舞龙的花式　　下／图 1-2-40 舞狮组合

匠心造物：千年匠艺的装备魔方

玩故事中，故事来源从古至今纵横几千年，小说诗词、神话传说、民间评书、现实生活等应有尽有。其间表演者着古装演故事，需要大量的古代服饰及相关配饰、道具等。长乐上、下市街故事会分别有专门藏馆分门别类存放。（图1-3-1至图1-3-3）服装与配饰受巴陵戏影响巨大，主要如下：

一、霓裳甲胄

（一）服装

男装：

蟒袍：四爪（趾）为蟒（皇家之龙五趾），蟒袍为古代官员的礼服，又称花衣，因袍上绣有蟒纹而得名。配玉带朝笏，分青黄蓝紫红绿白七色。（图1-3-4）

官衣：文官官服。其形制基本与蟒袍相同，但不绣蟒纹样，用缎料制成，配玉带朝笏，分青黄蓝紫红绿白七色。（图1-3-5）

开氅：又称开张，便装，和尚领、斜大襟、宽袖带水袖，其长度到脚面。有青黄蓝紫红绿白各色，其色与人物角色无直接关系。（图1-3-6）

褶子：古时便服，男女老少文武通用。也作蟒袍的衬衣。分花、素两大类。男褶子样式为大领、大襟、大袖带水袖，女褶子分大襟、对襟两类，含青黄蓝紫红绿白七色。（图1-3-7）

靠：元帅、大将等出征前点将或战役中防身的铠甲，分青黄蓝紫红绿白七色。（图1-3-8）

箭衣：古代射士所穿的一种紧袖服装。小圆领、大襟、瘦袖，袖口有一马蹄形的袖盖。

上/图 1-3-1 长乐故事博物馆存放的部分服饰
中/图 1-3-2 长乐故事博物馆存放的部分头冠
下/图 1-3-3 长乐故事民俗馆存放的部分头饰

上左／图 1-3-4 蟒袍
上中／图 1-3-5 官衣
上右／图 1-3-6 开氅
下左／图 1-3-7 褶子
下中／图 1-3-8 靠
下右／图 1-3-9 马褂

袖端上半部长可覆手，下半部偏短，便于射箭。箭衣分为龙箭衣、花箭衣、素箭衣三种。一般配鸾带，龙箭衣分红白青绿四色，素箭衣分红白青三色。

马褂：源于清代服制中的行服褂，穿于袍服外的短衣，衣长至脐，袖仅遮肘，基本样式有对襟马褂、大襟马褂、琵琶襟马褂，材质有翻毛皮等。（图1-3-9）

抱衣：又叫英雄衣。京剧服饰中短衣裳的一种，为紧身衣。一般为侠客、义士、绿林英雄等人物所穿，配鸾带。

夸衣：类似抱衣，但对应人物在武艺、行动上略高于其他人，含花、素两种类型，材质有绒、布等。

女装：

女蟒（红蟒：王妃、贵夫人穿；秋香色蟒：老年贵夫人穿）、女靠（女武将铠甲，相对轻便，分红绿二色）、宫装（宫廷女用常礼服，分红绿二色）、女帔（分青黄蓝紫红绿白七色）、裙（分青黄蓝紫红绿白七色）等。

（二）头饰

冠：正皇、平天冠、草皇、尔步文、紫金冠、相冠、帅盔、枪盔、二龙盔、三札盔、狮子盔、太监盔、中军盔、金部头、银部头、铁部头、相斗、花相、正纱、花纱、团纱、尖纱、太子头、文凤冠（女用，配霞帔、珠子）、武凤冠（女用，配霞帔、绒球）、头面（女用）等。（图1-3-10至1-3-13）

帽：八角陀帽、元陀帽、花陀帽、遮阳帽、卦巾、道巾等。

勒：大龙勒、小龙勒等。（图1-3-14）

巾：龙勒扎巾、小生巾、公子巾、帝巾、披巾、一字巾、员外巾、扇子巾等。

髯挂：青三、麻三、白三、青满、麻满、白满、青吊、麻吊、白吊、红吊、八字须、鼻须、一字龙等。（图1-3-15）

二、礼乐兵戈

剑：尚方剑、佩剑、双股剑、鱼肠剑等。

图 1-3-10 凤冠
图 1-3-11 相冠
图 1-3-12 武盔
图 1-3-13 文盔
下左 / 图 1-3-14 勒
下右 / 图 1-3-15 髯挂

枪：三尖两刃枪、钩镰枪、虎头枪、双枪、火尖枪。

刀：青龙偃月刀、定唐刀、三尖两刃刀、朴刀、七星刀、虎头刀、腰刀、匕首等。

戟：方天画戟、单戟、双戟、短戟等。

矛：丈八蛇矛等。

棍：齐眉棍、狼牙棍、哨棍、盘龙棍、三截棍、金箍棒、囚龙棍等。

斧：月斧、开山斧、板斧、双斧等。

鞭：单鞭、双鞭、竹节鞭等。

锏：金装锏等。

锤：震天锤、八棱锤、雷神锤等。

杖：龙头拐杖、禅杖等。

叉：双股叉、单股叉、托天叉等。

耙：九齿钉耙等。

铲：方便铲、月牙铲等。

尺：量天尺。

弓箭。（图1-3-16、图1-3-17）

图 1-3-16 兵器 1

图 1-3-17 兵器 2

其他配饰：

挽手（即马鞭，按马色搭配）、拂子（即拂尘，又名云帚）、花翎、念珠、遮阳伞、遮阳牌、签筒、笔架。

扇：羽扇、折扇、团扇、蒲扇等。

乐器：箫、笛、琴、琵琶等。

三、机巧传承

脸谱：依故事情节而描绘，如戏剧一样有程式化的绘制方法，但更为粗放、淳朴。目前，国家级非物质文化遗产传承人陈范兴存有三本祖传下来的手绘脸谱。（图1-3-18）

抬阁：木制，长1至2米，宽、高均约1米，有可以抬的，也有可以推的，用来"扎"地台故事或高彩故事。（图1-3-19、图1-3-20）

高彩：钢或铁制，长约2米，根据所需表现内容，经锻工弯曲成型，用来"扎"高彩故事。

高跷：杉木制，两根为一对，长度1米至5米不等，用来"扎"高跷故事。

捧叉：木杆（竹竿）长度依据高跷的长度而定，顶端装一直径40厘米的半圆形部件，由非表演者手持于高跷故事或高彩故事表演者身边，可供高空中的人作扶手用，为高彩故事和高跷故事的安全保护用品。

会旗：代表上、下市街故事会的旗帜。

会徽：代表上、下市街故事会的徽标。

彩旗：各色旗帜，起增强美观与气势的作用。

牌、匾：用于书写有关标语口号、故事解说。

油筒：用直径3厘米、长约1米的竹竿制成，将草纸卷筒插入竹筒一端，灌入煤油，晚上照明用。现在一般用灯来代替。

第二章 韵

只要进入艺术的视域，即便险如踩高跷，也能使观者在心惊肉跳间反复韵味，演者则轻松率性若凌波而舞。玩故事在一次次的创造里，其韵将随着不息的汨罗江荡起一圈又一圈的涟漪，并流向更远的地方……

第一节 泥土里长出的野性美学

原始的艺字，其左上像一棵树苗，表植物；右边像一个人伸出双手，表用双手操作。当先民在龟甲上刻下原始的"艺"字时，实质上是刻下最原始的劳动密码。美，最初是沾满泥浆的辛劳，后来才被朝阳、晚霞、月光等酿出风华。每个时代的铜镜都映着不同的形象：青铜鼎纹里藏着巫祝的指纹，麻石街裂缝中嵌着龙舟汉子的汗碱。而玩故事是民俗艺术，是村民们发自内心的艺术，扎出来的"故事"谈不上精美，更不能说高雅，但一切"美"由心而生，因不受规范不受约束，反而多了野性的气息，就如玩故事里晃悠的高跷，像从插秧的泥腿子里拔节出来的《楚辞》惊叹号。形象与装扮可能粗糙，如山崖石缝里挣出的野花：没有温室规整的弧度，却有风霜浸出的招摇，自然而然会生长出无穷的活力。

形色成韵：俯仰高低皆成画

上升到艺术层面的东西都会有视觉趣味中心，有主次安排，关键部分有明显的体现，玩故事也不例外。

在"扎故事"的制作过程中，人物与情节选择、道具的制作、色彩的搭配等，直接关联着艺术素养的高低和视觉冲击力的程度。绚丽的色彩、高低起伏的造型、曲直缓急的线条构成了玩故事时而舒缓时而急促的节奏。

出故事的先后顺序是有讲究的，一般按地故事、地台故事、高彩故事、高跷故事排序，形式多样，由低到高，错落有致，看起来不经意，收放自如的节奏美却蕴含在每一个细节中。（图2-1-1）

首先，上、下市街故事的标牌、锦旗等拉开了故事的序幕。

震天的锣鼓声给玩故事注入了先声夺人的气势，玩龙、舞狮则穿插其间，鼓者兴之所至，在严寒冬日会脱掉上衣，对着羊皮大鼓挥洒自如，狂放击之，如一巫者。

地故事的演员直接在地面上边舞边演，其表演轻巧、幽默、趣味性强、富于动感。逗趣、与观者互动是其主要职责，没有了台上台下的距离感，近距离的面对面的诙谐的表演先活泼泼地钻进了人的心扉，驱散了一年的愁苦，弥漫着喜滋滋的欢笑的气氛。

地台故事与高彩故事，因故事扎于抬阁且演绎于台上，并需依靠人力将车慢慢推行或抬行，让人在体会故事的内涵时心理上也有了缓冲的余地。地台故事的演员在台上或站或坐，高彩故事则有悬空的幼童高踞其上，两种样式人物均为无声、静态，游行过程中保持造型不变，形式多样又生动有趣，其先后排列在视线上给人上升之感。（图2-1-2、图2-1-3）

高跷故事是玩故事的高潮和压轴部分，从低到高由易渐难的高跷挑战着人的极限。如同歌唱时的高音，你以为他已经唱到最高音了，突然却又听到酣畅淋漓的更高的歌声冲出，让这场行为艺术不断飙向新的高潮。高跷故事一人踩一套高跷，动作夸张，技巧性强，奇趣惊险。倘若天地是舞台，在空中俯视，如长龙般缓缓流动的错落的各色故事又如同一台大的故事，诉说着历史的绵远和尘世的喧哗。（图2-1-4）

玩故事将戏曲、杂技完美结合，是更为热烈，更有精神文化价值的行为艺术，充满古老、神秘、奇特、狂欢的氛围，既是古民族图腾崇拜时期古文化的保留，又寄托人们一种美好的向往，如充满生机的活化石。

以技现美：大拙至简立乾坤

玩故事造型来自民间的创造，村民不喜繁文缛节，性喜惊险，有探索精神，好挑战技巧的极限。

上左 / 图 2-1-1 高跷按高矮顺序排列
上右 / 图 2-1-2 高彩故事的节奏美
下左 / 图 2-1-3 人群中的高跷
下右 / 图 2-1-4 俯瞰玩事全景

图 2-1-5 八锤大闹朱仙镇   图 2-1-6 孙悟空借芭蕉扇

　　玩故事中，高跷故事的高度，高彩故事中悬于高空的"奇、险"，渗透着平衡技巧与力学原理。尚高，在地故事、高彩故事、高跷故事中均有不同呈现。如地故事中"小头娃娃"将人装扮拔高到远远超过正常人的夸张高度。踩高跷必定是压轴好戏，最具难度，其堪比楼高的高度及俯仰扭转的动态总让人心惊肉跳。如被誉为"高跷王子"的郑大军可踩6米高跷，亮相常引起围观者的赞叹和尖叫。抬阁的种类繁多，各地呈现的艺术形式各有特色，如湖南有益阳桃江马迹塘扎故事、涟源珠梅抬故事、郴州宜章夜故事、永州黄阳司扎故事等，但较少踩高跷，或高跷仅限于1—2米，长乐抬阁故事会在高度的追求上可谓独树一帜。

　　玩故事在创作造型时提炼于故事，但在一定程度上删除大量细节而凸显夸张造型的整体感，突出人物性格特点，使之构成一种非常明晰的整体状态，给人以鲜明而突出的形象，简洁明了，有大拙至简的风范。高彩故事演绎的造型里，必有一至数人（一般为婴幼儿）悬于空中，站于抬阁上与悬于空中的表演者仅用一道具连接。如故事"蔡坤山耕田"中"农妇"站在犁尖上；"孙悟空借芭蕉扇"中，"铁扇公主"立于"悟空"肩扛的芭蕉扇上；"八锤大闹朱仙镇"中，空中的"岳云""严成方""何元庆""狄

雷"四人依战锤悬空：两人单手握锤，两人单脚立于锤……简洁，奇险。（图2-1-5、图2-1-6）

如"屠夫状元"描述的是市井生活——一个屠夫考取了状元踌躇满志的故事。状元其实可用多种造型解读，如坐花轿，炮声相应，随从前呼后拥等。屠夫同样可用各种场景暗示。但在玩故事的表述中，仅用一把锋利的屠刀暗示身份，着大红袍的屠夫立于其上暗示高中，村妇一手举插了屠刀的屠凳的形象暗示屠夫的家庭状况与社会地位，充满世俗的诙谐和喜感。简约的造型使观者短时间内便能理解形象，并引起共鸣，与其忙时耕闲时乐的简单生活方式也暗暗契合，是人性化最直观的表现。

方寸纳万象：虚实相生抒春秋

玩故事善于充分利用抬阁上小舞台的有限空间，通过古代故事或现实生活中提炼的素材来表现思想感情，其动作从生活中提炼、加工，主要取其神。演者穿的是古衣，化的是古妆，演的是无声的古戏。在人物脸谱的绘制和服饰的搭配中，融合了中华民族古装戏曲中所表现的喜怒哀乐和特定含义，突出了人物的个性，是人性的直观剖析。

自古至今，有太多人对大千世界无限的空间与时间抒发强烈的感慨，留下不朽的名作。而每一台故事都要对于情节再创造，其情节来自历史长河中不同时间、不同空间，不同的创作者对故事有不同的感受和理解。如《桃园结义》，有的将其"扎"成地台故事（见第一章第二节地台故事例3），"刘备""关羽""张飞"三人均站于抬阁，后为大树，前为香炉，主要交代其结拜的地点位置环境，重点突出"结拜"二字；有的则将其"扎"成高彩故事，由四人抬起的探阁上，一酒坛斜斜搁置最下方，表演刘关张的三个小朋友看上去只是手连手、脚连肩，却在空中架构成一个三角形，生动有趣却稳固，重点强调的是结拜之"义"，突出其豪爽和牢固的兄弟之情。（图2-1-7）玩故事虽是无声的哑剧，但每台（组）故事表演的直观性，都是每个历史时期最壮观场面的聚集，常把观众带入特定的历史时期从而产生丰富的联想。

即使是同一台主题的故事，因融进了即兴的元素，演的对象不同，扎故事的人不同，其实又是一次立足于传统的新创造。当多台故事汇聚成一个整体游行于街头，呈现的是故事的多层次、多角度、多瞬间，显得更为别出心裁。而游行中推车的、举旗的、击鼓的、敲锣的等穿插其中则是现代装扮，观者是朴素的村民，整体看去古今对比强烈，有一种亦真亦幻的时空穿越感。

村民在每一台故事造型上大多只设简单的布景，却善用部分实物道具来构建场景、营造氛围，依靠某些特定的动作来暗示抬阁上并不存在的物象或情境。如高彩故事"三打白骨精"，除了简洁的白骨精洞装饰外，由小朋友饰的"白骨精"居下，双手持双股剑向上交叉，而"孙悟空"整个身体则悬空于手执的金箍棒棒端，怒睁火眼金睛，用棒直击双股剑交叉处。这里利用服装、剑、棒等道具，巧妙地将支撑身体的中心支撑圆钢遮住，故观者看到的仅是悟空腾空潇洒的身姿造型。由一个巧妙的装置和造型设计，营造出悟空与白骨精在空中缠斗的空间氛围和心理感受，如此，虚实相生，别有生趣。（图2-1-8）

图2-1-7 高彩故事：桃园结义　　　　　　　　　　图2-1-8 高彩故事：三打白骨精

楚地上生成的艺术特质

歌德曾说："艺术并不从事于在宽度和深度方面胜过自然，它胶着于自然现象的表面，但有自己的深度和力量。"[2] 自春秋中期楚人迁罗国遗民至汨罗江畔，这片土地便成为楚文化南传的熔炉。《离骚》的孤愤、《九歌》的瑰丽在此淬炼成形，汨罗江的波光被屈子投江的水纹镀成"蓝墨水上游"的诗意图腾。而根植于此的"玩故事"，恰是楚地巫风与民间智慧的完美融合——它以民俗为骨、艺术为魂，在麻石街的青苔里野蛮生长千年，带着野劲儿，将"险""比""活""拙"四字，以"险中求衡、比中见和、活中凝魂、拙中孕新"拌入长乐甜酒曲慢慢发酵，释放出其令人回味的艺术特质。

险中求衡

生活是平静而平淡的，但生活着的人却渴望着奇迹，渴望着不平淡的另一个世界。玩故事里善以奇险造境，动辄以几米的高度踩高跷，极小的婴幼儿悬于高空……这在外人看来是险而又险，玄之又玄的。

险，意味着对造型进行夸张，这是玩故事的显著特色。

动态夸张是其常用手法。如上述"屠夫状元"中，高中状元的屠夫不被安置在八抬大轿内，却被惊悬于屠刀之上，且插屠刀的屠凳被一女子高举于一只手上，貌似不合情境，但屠夫的身份，却被表现得惟妙惟肖。女子本是柔弱的，却在下托物，也给人形成了巨大的视觉反差，戏剧性地暗示了屠夫的高中离不开村妇有力的支持。这种夸张的幽默感是长乐人所特有的，如同村民间的嬉笑怒骂，率性但亲密。

为了有惊险的视觉效果，比例夸张也是玩故事善用的手法，如将人的横向或纵向正常比例加以改变，把形体比例夸张到极致。

人的正常高度是七到七个半头长，地故事的大头娃娃、小头娃娃及高跷故事中的高跷等均对人体的正常比例进行了夸张。

纵向夸张如小头娃娃及高跷。小头娃娃佩戴小头面具，穿特制高跟鞋，肩膀加垫，拔高了人的身高，把头部缩小，让人有荒诞之感。高跷则脚绑木棍，在视觉和意念上延伸了人的高度，驱逐了平素的卑微感，反映了老百姓最质朴的美好念想。（图2-2-1）

横向夸张如大头娃娃。人的正常高度是七到七个半头长，但戴上大头娃娃面具后夸大了头部，使人的整个身高看似只有四五个头长，状若顽童，粉嫩可爱。

夸张的结果营造了"惊险"的视觉氛围。这个"险"离不开制作上的灵巧，也在长年累月中积累了长乐人对"稳定"二字的天生优势。稳定是建立在不稳定的基础上的。当我们身体重心不在人体中线的时候，就特别容易摔倒，这是失去平衡的代价，所以人在摔倒时会本能上演"求生大戏"——习惯性地用手支撑，试图以新的平衡增强稳定感。这种稳定感，在艺术中同样不可或缺。

在高彩故事和高跷中，由于要营造惊险的视觉效果，对稳定感的把握尤为重要。玩故事是一种热烈而活泼生动的行为艺术，长乐人从来又都是性灵而喜欢挑战的，扎故事中不满足于小孩一个个死板地站在台座上，所以才有了悬在半空造型各异的高彩故事。要演绎一段故事，须选取最能体现故事的精华部分并将它固定下来，既要考虑造型的美观和生动，又要考虑一两个小时幼儿悬在空中的舒适性，还要考虑站在台上的小孩与在半空悬空的小孩如何不露痕迹地衔接，并能保持稳定感。长乐人凭着直觉和多年积累下来的经验做到了。

长乐扎故事有其世代相传的奥妙和技巧，家家户户都是设计师和制作师。最有难度的是高彩故事，它用铁（或钢）材以特殊工艺弯曲成形，甚至加一木（或铁）质小凳，同时用特殊的捆扎方法将人物固定其上，人物外面再套上特定服装，使之从外面看不

图2-2-1 险而夸张的高跷　　　　　　图2-2-2 扎故事也有奥妙　　　　　　图2-2-3 踩高跷在高空做惊险动作

出捆绑的痕迹。悬空装扮的人一般选取两岁以下胆大可爱的幼童，在用铁条等支撑时既要在展示过程中（玩故事即故事的展示须游遍长乐镇的主要街道，而且是缓缓而行，一次故事的展示一般需要两个钟头左右）保持姿势不变又要舒服，须煞费苦心。如"托塔李天王"貌似李靖以塔托起哪吒，实际是利用服装、风火轮、塔等道具，巧妙地将支撑人物的中心支撑圆钢遮住，看上去浑然天成。（图2-2-2）

玩故事的险而夸张还体现在踩高跷的高超技巧上。

高跷最高达一丈二，但截面直径最长不过八厘米，脚底接触面只是一块巴掌大的小木板，仅用布条将人的脚与高跷一起捆住。要支撑起人的重量，踩高跷的表演者不仅要技艺高超，且要胆大心细才能在半空徒手行走自如，并做出舞蹈动作。（图2-2-3）

长乐地处汨罗江边，既受屈原文化"路漫漫而求索兮"的影响，又有洞庭湖流域"先天下之忧而忧，后天下之乐而乐"的浸润，有乐观而执着的天性，玩故事间习惯以各种方式调侃假恶丑，并直面生活的艰难，从中挖掘"笑"的基因并无限放大。玩故事与其说是玩乐，不如说是对美好生活的向往与追求。

图 2-2-4 上、下市街故事会擦肩而过

比中见和

比，是玩故事的核心，一个"比"字贯穿着玩故事的始终。

比，是自古以来就渗透入长乐人及玩故事的骨子里的。知识、智慧、机智、趣味、技巧、热闹、出彩等，都在"比"字中体现出来。

长乐是个小镇。

小镇虽小，五脏俱全。

长乐古镇在外人看来是个整体，但实际以上市街、下市街两个营垒对阵，这估计在全世界也难找得到第二个这样的镇子了。这是一个两大团体斗智斗勇斗技的过程。它没有常规比赛的排名颁奖等，但比劲会一直暗暗贯穿于期间，落入村民的眼中、口中、心中，多了，便有了最公平的比较和评价，并持续给人以谈资。

玩故事有专门的组织——故事会，负责统一调度、安排故事。玩故事以长乐镇的上、下市街相应组成上市街故事会、下市街故事会，两边各有"出故事"的固定点和演练场地。分别有一大批人充当智囊团，刺探"军情"，商量对策。即使是父子，如果分住上、下市街，也暂时视同"敌我"，高度保密，各为其主。每在出故事前有专门的"探子"摸底，一见对方有出故事之意立即"飞马传书"，探寻对方出故事的时间、故事内容等，然后加紧己方下次的准备，力图在下次出故事时能在气势、新颖度上压倒对方。（图2-2-4、图2-2-5）

正月开初，上、下市街的故事常是蜻蜓点水般地出几副高跷，到十字街及对方"营"里晃晃，相互拜年，讨个彩头图个吉利。一来二往便从多方面比起来，主要体现在内容、形式和反应能力三个方面。

一、内容上的比

内容上看谁出的故事新、深、奇、巧，或以数量取胜，或以智慧讨巧，从而从精神上把对方制服住，使对方忍气吞声，使观众捧腹大笑，使人们回味无穷。

如数量上，一方出二副高跷表演"和合二仙"，另一方面出三副高跷展示"福、禄、寿"三星。一方出五副高跷表演"五女拜寿"，另一方则出八副高跷扮演"八仙过海"。

图 2-2-5 上、下市街高跷与高彩故事的交锋

越比劲头越大，越比数量越多。

1986 年春节，双方最多一次共出动高跷四百多副，地台故事三百余台，高彩故事达百多台，共出动人数近三千人。各地来看故事者更是数以万计，盛况空前，整个小镇人山人海，热闹非凡。

智慧的较量是故事特别扣人心弦的部分，一般临场发挥。

以高跷故事为例。如一次一方出"杨门女将"，踩高跷的全是年轻女子，十二女将身穿清一色崭新的铠甲，袍上描红着绿的绣花暗含了柔情，背上四面三角威武旗迎风飘动，英姿飒爽，精气神十足，镇住了不少人。而另一方一下凑不齐这么多踩高跷的女子，干脆另辟蹊径积极应战，出"十三棍僧救唐王"。即十三个年轻小伙，身穿黄色袈裟，各整了个光头，脖子上挂了大念珠，手执齐眉棒不时在半空耍出各种花样，耀武扬威地张扬而过，意即你方出十二个女孩，我方即出十三个和尚，以此相戏谑，企占上风。待两队迎面相逢时，杨门女将觉得，我方人少些，气势弱了，怎么办？干脆随机应变，含情脉脉踩着高跷各自配起对来，结果多出来一位棍僧挂单，孤零零的，只好绕着场子扮鬼脸，调笑。一时间，大笑声、起哄声、锣鼓声，把小镇喧哗得似快要把天都给晃摇下来。

棍僧们被比下去了，却并不甘心，故事会连夜出谋划策。第二天，这方高举了杏黄大旗，以宋公明、卢俊义为首，吴用、公孙胜为次，扮成梁山好汉按一百单八将的排名顺序，踩着高跷浩浩荡荡地冲杀出来，这是"水泊群雄"的一百零八将。气势太震撼了，这种似从空中遥遥涌来的架势如同拍玄幻片，高跷把麻石街踩得震天响，高跷上的人更是气焰嚣张，那样的神情分明在告诉对方，怎么样？没见过这阵势吧？你还能找出一百零九将不成？翻遍史书也找不到这么齐崭的人啦！就算找着了，那也是抄袭咯！过了老半天，对方还没什么风吹草动，许是被难住了。这方得意洋洋，又一步一用力地走出一个踩高跷的来，扮成了楚霸王项羽，浓眉须髯、霸气十足，眼往上挑，手握着宝剑。到对方地盘的时候，"项羽"将长辫子往脖子上一甩，宝剑横咬在嘴里，气氛惨烈，这出"乌江逼霸"将了对方一军：你看你霸气什么呀？还想不出来，自杀算了，有什么活头噻？

这场比试似乎落幕了，但长乐人愣是有不服输的精神，冥思苦想，终于又辟蹊径，再出奇招。次日一大早，只听到当的一声大锣震响，余音连绵不绝，里面夹杂着"万岁！万岁！万万岁！"的放声吆喝，一架八人大轿，黄布盖顶，内坐身着龙袍的天子。轿左边立着钦差宿太尉，右边立着济州张太守，两面红旗高高举起，旗上分明写着"顺天""护国"字样。这分明是一台水浒故事"梁山好汉受招安"。意为：你梁山一百零八将又怎么样咯？还不是被招了安。众人醒过神来，掌声、笑声、喝彩声此起彼伏。

所谓风水轮流转，玩故事就是如此你来我往，斗智斗勇，热闹非凡。如若平时不懂点文墨，玩故事是玩不转的，所以长乐人平时好读书，《三国》、《西游》、唐宋历史等，或多或少能说个一二。

比内容，要熟悉各类历史典故，要有丰富的历史知识、戏剧知识，一台历史故事有几个历史人物，姓甚名谁，身上穿什么服装，头上戴什么发饰，手中拿什么道具，勾什么脸谱，或站或坐，或跪或卧，胡须或青或红，或长或短或吊口，都有一定规则，马虎不得。一旦被对方发现，"白故事"的帽子马上被冠上了，甚至"扎"一台同样内容的故事，挂上"打假"的牌子，帮其纠错，出其洋相。

二、形式上的比

玩故事以地故事、地台故事、高彩故事、高跷故事等四类形式为主体，比心灵手巧，比武艺高强，比谁的故事扎得好、扎得妙，双方皆挖空心思。

如最具难度的高跷故事，就常在高度上夺人眼球。你出一米，我就踩两米，你踩两米，我就出三米。最高者达四米。四米的高跷重达二十来斤，人在半空晃晃悠悠，如遇路面不平或起风之时，难度更大，有随时跌倒的危险。因此不到"比"的高潮，不棋逢对手，就不出这样的高度。

高跷具有很强的技巧性，需要胆大心细，更需要一个健康的体魄。长乐人从几岁起便开始学高跷，首先用两根一米左右的小木棍，离地几寸到一尺的地方横捆一根三寸左右的小木板，权当踏脚板，双脚各站一根，以布条捆绑固定其上，扶墙慢慢行走，等踩稳了，胆大了，即步步加高，等能从容行走如履平地时再辅以动作。可以说，20世纪80年代以前的长乐小孩都会踩高跷，只是高度和技巧程度不同而已。

形式上的比有时在外人眼里甚至不可思议。

如有时上、下市街故事会的"故事"都玩到了十字街，"狭路相逢"，在外人看来表面都是笑意盈盈，风平浪静，但两个故事会交汇并擦肩而过的时候，必定是把对方的一切都看在眼里了，同时心里也会暗暗掂量一番，胜负已然心里有数了，立马神态上的微妙变化都会浮现上来。那个高跷踩得最高的，已是意气风发了。

又如故事会会长三年换一届。有一年一方选的是"只子"（长乐方言，即一只眼睛瞎了），另一方也立马寻找"只子"，找不到"只子"，也就选了个"掰子"（长乐方言，跛子之意）。

这种比在生活中同样得以延伸，对于玩故事相关物品的收集，上市街一设"长乐故事博物馆"，下市街立马建了"长乐故事民俗馆"。长乐镇连民间出资修的寺庙都是两座：莲花禅寺和二岳古寺。两寺都源远流长。原明嘉靖年间，长乐街的西莲花山建有城隍督总祠，内设莲花禅寺，雕梁画栋。二岳古寺则始建于唐朝代宗广德年间，原为湘北巴陵郡佛教圣地，内设大雄宝殿，佛香缭绕。现二寺均为重修建筑。民间自己筹资建的公堂、篮球场也必定是上、下市街都会有的。（图2-2-6、图2-2-7）

三、反应能力的比

速度，同样是玩故事的关键。一方面，要迅速了解对方动向，另一方面，当一方出了故事后，另一方应有旗鼓相当或胜出一筹的故事出台，必须保证质量以快制胜，如此才有说服力。故事扎得再好，过了时间也就没有价值了。

为了快，就要获取对方信息，攻其所短，在看不见的战场争上下、见高低。这时上、下市街故事前的"探子"在"快"上起了不可或缺的作用。他们四处打听，窃取"情报"，如同战场较量，这更添了玩故事的神秘感。而在扎故事的过程中大家更是齐心协力，定了主题后只要使得上力的，不管男女老少都一起出动，找材料，做道具，布置场景，模拟造型，化装等各司其职，气氛紧张、快速而井然有序。有时甚至"救"故事如救火，

图 2-2-6 莲花禅寺　　　　　　　　　　　　　　　图 2-2-7 二岳古寺

只要故事应急需要，谁家有的能做道具的都会拿出来，不会有丝毫犹豫。如盖房子的杉木拿来做高跷，过年准备拿来做新床单的漂亮布面拿来布置地台故事的亭台等等，不一而足。总之，只要是用得着的，都可以去拿，不用打什么招呼。

这种快速的反应能力还体现在对时代发展的关注程度和学习态度上。一旦出现有趣的、新鲜的材料、工具、手段、内容，总是被及时"拿来"尝试，被大家认同的以后继续运用，感觉不好的，再加以改善，乐此不疲。好的、不好的故事在很长时间的农闲时都会被人津津乐道。玩故事也在这样的"比"中积累、沉淀，在去劣扬优的逐年实践中逐渐根深叶茂。

如1986年，一方将"永乐观灯"扎上高彩故事，一台故事的人数打破了平素二三个的常规，突破了九个。对方感到惊服后紧急筹划，也出了一台突破性的高彩故事——"空中转轮"：基台上以两个大转轮并列，每个转轮分设三轴，每轴两端端口坐一人，共十二人，表演着倒立、横卧、翻转等高难度动作，其惊险处如玩杂技。意为你有九人，但是只能静止不动，我都能旋转、表演，让人心捏一把冷汗。（图2-2-8、图2-2-9）

但再怎么比，离不开"和"，和是和美，是和谐，是包容，这是村民自发性的心理诉求。每年都比，但是在"玩故事"过程中的比，不会伤了生活中的和气。对外，如出镇活动等，两大阵营又自动融为一体，展示长乐抬阁故事会的美。这种比而和美的情感，是"故事"造型发展越来越充实，长乐人真善美人性能一直张扬的最好铺垫。而玩故事发展过程

左上 / 图 2-2-8 高彩故事：永乐观灯
左下 / 图 2-2-9 高彩故事：空中转轮
右 / 图 2-2-10 西天取经

中兼收并蓄他族他人文化，不排斥不同的声音，把"海纳百川，有容乃大"的释义发挥得淋漓尽致。

很少有一个地方能把一个小镇做舞台，把只要能行走、只要能笑能哭的老老少少男男女女们全都变成演员，共同来演出一台长达十五天的剧目。玩故事做到了。不管怎么在玩故事过程中唇枪舌剑，都不影响生活中上、下市街的和美。邻里乡居，为了故事，古镇被分为上市街、下市街，母子、父女、叔侄……分属上、下市街的村民比比皆是。而如果一对父子恰巧分属上、下市街，前一刻"玩故事"时还高度保密互不相让后一刻生活中却又亲密无间，玩故事让这样戏剧得如同故事的情节变得如此自然……

活中凝魂

人活着，故事也活着。

玩故事是一个正在进行的活性的、活态的生活故事乃至生命故事。它彰显着长乐人质朴的生活观与生命观，充满了生命的活力。从玩故事的"比"中就可以看出长乐人活泼泼的生命气息和生命激情，从"玩故事"的"玩"字可以看出长乐人放松而灵活洒脱的状态。不管是灾难过去，还是盛世到来，玩故事都会如期上演，用主题、形象、色彩、声音、动作，把生活的精彩演绎出来，把生命的激情释放出来。

"活"不是肆无忌惮，其背后需要对造型高度凝练，简洁易懂接地气。玩故事中，"故事"是长乐人提取一段故事情节，并设定一个造型，用自己的肢体语言"做"出来的，要求直观而独特，能使大家容易看懂并为之会心一笑。因此，提取一段故事后选取一个精彩的片段进行提炼、推敲，再设定造型是不可缺的步骤。如"精忠报国"的造型是岳飞跪拜香台前，岳母俯身刺字那一瞬间。"西天取经"自然不需取经的长长过程，沙僧挑一担，唐僧、悟空、八戒都立于担上，视觉上新鲜惊险，又强调了师徒彼此扶

持的特性及沙僧的稳重感。（图 2-2-10）

玩故事的主题体现了长乐人洒脱而乐观的生活态度。它以演绎历史典故为主，善用幽默与讽刺的手法表现爱憎与忠奸，传递友谊与祝福，祈求吉祥与和平，保持着原始生态的本性和神奇灵动的生命力，并一代一代传承，故事越传越多，影响越传越远。

玩故事形象丰富、活泼。表演者配有各色脸谱、面具、乐器、兵器、服装等。头饰包括冠、帽、巾、髯挂，仅冠具类就有 30 多种。服装有男女式蟒袍、开氅、靠、官衣、箭衣、褶子、马褂、抱衣、夸衣等数百种。兵器包括刀、枪、剑、锤、矛、鞭等百多种。这些配饰使玩故事的造型有了多种宽泛的选择。

玩故事流动的是一条彩色的河流。玩故事十分讲究色彩的搭配，不同色彩化装有特定的寓意，灵活而热烈。无论特定的脸谱，还是着装都色彩斑斓。如黑色脸谱代表正直，红色脸谱代表忠贞或脾气暴烈，白色脸谱意味着奸诈，鼻子上点白色表示逗趣的小丑等。这样一些脸谱的描画方法，主要靠的是代代口授相传。现在留存下的一部手稿是有数十页黄色的薄纸，脸谱用黑、白、红随笔勾画，略带粗糙，勾勒间便有淳朴的乡土味道在里面了。恰恰是这粗糙，显得活泼而具有生命力。每个脸谱边有几个字的简单注解，省略了细节，更显粗犷，造型简练夸张带有平面化的装饰味，不成系统，但村民们心里自有其数。（图 2-2-11）

高跷作为高跷故事的道具，会被刷上红色。红，这抹最具中华民族情感的色彩，以其可见光中最长的波长激荡着人类最强烈的视觉感知。《释名》有载："赤，赫也。太阳之色也。"远古时代，人类依赖于自然的赋予，对太阳和火充满敬畏之情，将之誉为生命之源。因为有了太阳万物方可生存，有了火就可驱除野兽的侵袭以确保性命。同时由于材料等原因，红色在人类历史社会中是最早使用的颜色之一，新石器时期壁画中，原始人就用红土涂于两颊，在出发打仗前将自己涂成红色。这样的象征性深刻地扎根于意识之中。红色意味着能量最强，正是因为这种对生命最本能的需求，从古至今中国百姓一直视红色为最吉祥的颜色，临近春节家家贴红对联、挂红灯笼、放红色包装的鞭炮，对红色有着深厚的感情和依托，充满着敬畏和崇拜，长乐人自然也不

上 / 图 2-2-11 留存的脸谱手稿
下左 / 图 2-2-12 养眼的红色高跷
下右 / 图 2-2-13 吃棒棒糖的小演员

例外。同时，长乐地属江南，古时建筑街景都具有典型的粉墙黛瓦的秀美江南特色，正街至今还保留了长长的麻石街，人踩着几米高刷红色的高跷在麻石青瓦间穿行极为醒目。（图2-2-12）

"活"是一种热情的投入状态。

平时，长乐人或是挥锄耕作，或是商海弄潮，用汗水浇灌着希望，长乐一古一新两大产业辐射全国的各地：长乐甜酒以酿造工艺醇香醉人，安防产品以科技守护万家灯火。而作为国家地理标志保护产品，长乐甜酒不仅饱含江南水乡的味觉记忆，更荣获商务部中华老字号金字招牌，成为舌尖上的瑰宝。

到了农历正月初一至十五，长乐人各自归家，又聚集起来，家家户户开始出动、策划、摩拳擦掌，释放出玩故事的精彩。这个时候，没有什么事能抵得上玩故事的重要了。人们的脚步是轻快而急促的，大人们会为了故事的某个细节而争得面红耳赤。故事"扎"得好的，长久会保持一种头高昂着的姿态。地台故事和高彩故事的主角都是自家孩子，在空中也有一定风险，所以大人"扎"的时候会分外细致，把一腔爱心全给密密麻麻地"扎"进去了。小孩被选上当故事扮演者的自然骄傲，由着父母在自己的脸上抹来抹去，装扮得漂漂亮亮的。没有任务的也兴高采烈，在大人腿下穿来梭去，或递递道具什么的，自在得很。故事是成人的故事，演者却是小孩子，这种萌萌的视觉反差让人总是忍俊不禁而心生柔软的热情。有的家中孩子多，轮不上表演胆子又大的，趁大人不注意，爬到抬阁上赖着不下，凑热闹，非得享受一番被行注目礼的待遇，父母及看客倒也一笑了之。没有过分死板的规章制度去约束。（图2-2-13）

每家每户，每个人都可能是"故事"的参与者、扮演者。故事，不再是书本上死板的教条，而是可摸可触可看的活人演绎的"故事"。玩故事是全民参与的长乐人的"行为艺术"，它融汇了大人的天真、儿童的稚拙、生活的谐趣，更激活了生命的热情。

也因此，长乐人对玩故事的热爱也留下很多故事，成为"故事"的一个部分。如有一年，日本鬼子进村，有个叫周宝生的，逃跑时家里的家当什么都没带，只挑了一担故事会的行头躲到平江山里，结果家里被日本鬼子洗劫一空。又如下市街余耀宗，为了故事会事务奔忙常自掏腰包，几次因为劳累过度被送进医院。

玩故事的"活"更暗含在长乐人对"故事"的释义上。

"故事"二字，在常人听来只意味着讲故事或听故事，而玩故事中的"故事"却是长乐人依故事取精华设造型用身体"做"出来的，直观而独特，是地地道道的长乐人的行为艺术。

在每年的正月初一至十五的半个月时间里，古镇上的人身兼导演、演员、美编、制作、后勤、看客、评家等多个角色，都是故事会的一员，不存在与己无关的事。只要角色需要，谁都可以是演员，谁都可以跑腿，谁都可以贡献一份自己的力量，没有贵贱高低之分，没有功劳大小之嫌。不演故事的，扎故事，玩故事，看故事，评故事，每一个人都不会闲着。没有哪一项活动能让一个镇子的人上至百岁老翁下至一岁小儿都能参与，而且如此热心和齐心。

人人都在"玩"故事，人人都可以是故事中的"演员"，人人也都可以是故事外的看客，

图 2-2-14 人人活在故事里

高彩故事悬空的都是一两岁的婴幼儿……这种故事释义拓展后宽泛而又精心的人员定位无疑是独特的。

很少有人能将一个或惊险或有趣或曲折的故事凝固在活人上、凝固在造型上却又演绎得活色生香，玩故事做到了……

"长乐人，人人活在故事里。"这句话道出了玩故事中"故事"二字的意犹未尽。（图 2-2-14）

拙中孕新

老子说，质直若渝。"拙"，是以赤子之心守护文化本真，甘当传统的笨学生。长乐人扎故事，题材的选取是极为遵从内心的，力求表达其朴素的共性，鲜明的偏好像平时侍弄庄稼——种子必选心头好的英雄侠义，施肥只用真善美的原浆。其扎故事的材料与手法是粗放的，保留着孩童的天然拙趣，扎故事的心却是细腻的，所有的爱、所有的美好、所有的期许都注入进去了，用行动陪伴着孩子一起成长。即使是狂欢，也是带着孩子一起的狂欢。

拙中孕新的过程，是玩故事的造型"无中生有"的过程。"故事"一般源于历史演义或神话传说。我国是一个有着几千年历史的文明古国，文化底蕴深厚，历史典故丰富。玩故事，就是从这些尘封的典籍中，从已逝的几千年的历史长河里，摘取前人耀眼的朵朵浪花，将之转化为鲜活的场景。这必须开动脑筋，选取最能体现风格的情节并设计动作，将长长的动态的故事场景转化为片刻的或凝固或动态的行为艺术，不管是讴歌忠孝节义，还是贬斥奸佞贪邪，以村民最容易懂的形式去呈现，靠的是对老传统的熟稔和对新花样尝试的胆量。"故事"中虽然人画脸谱、着古装、演古戏，但在选取并"扎故事"过程中，场景的选择、道具的制作、脸谱的绘制、动作的敲定、各台故事的组合等等，无不透着新鲜悦目的可观赏性，使玩故事不囿于古事而生生不息。玩故事的"新"也意味着"故事"在上、下市街的"比"中常出新招、奇招、险招、怪招。

拙中孕新并不是要抹杀传统，一方面，在玩故事的"故事"转化过程中，以旧题材翻新意；另一方面也反映在内容、方法等的不断创新上。从古时《三国》到现代版《哪吒之魔童降世》，玩故事可随时从古代故事或当前现实中提炼新的素材以崇正义抑邪恶，故事矿脉始终汩汩涌动着源源不断的新鲜血液。村民们保持着经典故事的原汁原味，但也不会把所有的故事都死磕旧典，反倒像做甜酒——把身边发生的事也随时扔进童真的酒坛子里，等时间自然发酵出新味道。所以，当2019年的中国电影《哪吒之魔童降世》火出新高度的时候，长乐镇的元宵抬阁上也出现了魔童的真人版。似乎，长乐人早习惯把《楚辞》还有诸多故事当作最新鲜的食材捏成馅，包进糯米粽，喂给坐在抬阁上晃脚丫的娃娃，这或许才是非遗最生猛的传承，欢快，自然融入，安之若素。

　　长乐人对新事物总充满了好奇心和探索精神，并分外敏感，甚至将新内容、新科技、新手段顺手"拿来"，并运用和融合其上，使古老的传统艺术焕发出新的光彩。20世纪60年代前，高彩故事中，支撑物用铁铸，因承重问题，"悬空"的小孩一般年龄不超过10个月。60年代后，长乐人用原钢代替铁器，承重力更强。由此，形式上，高彩故事的人物扮演数量也由原来的"一上一下"丰富成"两上一下""一下多上"等组合。

　　如中国"神舟五号"遨游太空那年，长乐人怀着兴奋的心情将"神舟升空"扎上高彩故事。一枚约4米高的巨型火箭凌空而起，火箭通体呈银灰色，绘有五星红旗图案和"中国航天"四个红色大字，并配以激昂的乐曲，尾部喷出团团彩色烟雾。两个系红领巾的少年儿童，坐在舱内向观众频频挥手致意。阳光下，熠熠生辉。晚上，饰以霓虹彩灯，似真似幻。对这一题材，外人褒贬不一，说好的，觉得故事扎得精致，应景。说不好的，觉得它太新了，与传统相背离，毫无传承之意。长乐人倒是自得其乐，觉得既要有经典，又不能老埋在故纸堆里，比了，尝试了，开心了，心里满足了，就好。至于它是否真正承了精华，自有观众评说，何况在以后的故事中可以再作取舍。

　　这种既对先祖文化承袭，又兼收并蓄其他文化以丰富和发展自身文化的开放态度，使玩故事得以光辉夺目，颇具魅力。

第三章

源

民俗文化无论是有形的还是无形的，物质的还是非物质的，它都渗透到了人们生活的每一个角落，成为一种文化基因，并融进民族的血液……

『长乐』，意思不仅仅是永生之乐，更是到另一个世界永久的快乐。这种快乐让长乐人在生存中有了精神上的心灵依托，也积淀了生生不息的村民文化的深厚底蕴。『玩故事』有悠久的历史渊源，古老文明的三原色折射了最初楚地人的生活形态。

第一节 黄土地夯击的生存节拍

"艺术的产生经历了一个由实用到审美、以巫术为中介、以劳动为前提的漫长历史发展过程，其中也渗透着人类模仿的需要、表现的冲动和游戏的本能。"[3] 上古时代，生活与艺术浑然一体，没有明显的区分。远古岁月里，先民们赤足踏过荒芜的大地，还震慑于大自然的威力。诸如日月轮转、江河奔涌、惊雷炸响等等这些不可捉摸的力量，让裹着兽皮的先民既敬畏又惶惑。那些最原始的艺术震颤，可能仅仅是为艰难生存而在岩壁上划下的印痕，或者是为祈雨夯击黄土地的生存节拍，之后才有懵懂的审美需求。当其围着篝火跳起通灵的舞蹈时，或许，每一簇跳动的火苗里，都燃烧着先民最初与天地对话的勇气，并划出第一道文明的微光。

"巫"非今人所说的装神弄鬼，《汉语大字典》将"巫"解释为："古代从事祈祷、卜筮、星占，并兼用药物为人求福、祛灾、治病的人。"巫与舞在读音上均为一声之转，巫最初的表达就是手之舞之，足之蹈之，它用原始的形态勾画了玩故事的初胚。

据相关文献载，长乐镇在殷商时期已有先民定居。2020年10月，长乐中学教师公寓楼工地上就出土了我国最早使用的打击类青铜乐器之一商兽面纹铜铙。春秋时期长乐属罗子国辖，战国属楚。楚人每逢灾荒，便祈求上苍消灾解厄，赐福降祥。《九歌》中曾述，所祭祀的神祇有东皇太一、云中君等天神，湘君、湘夫人等地神和人鬼等。如《东皇太一》中有祭祀记载："瑶席兮玉瑱，盍将把兮琼芳。蕙肴蒸兮兰藉，奠桂酒兮椒浆。"

每年正月，先民们按天之五方（东、南、西、北、中），地之五行（金、木、水、火、土），阴阳演化，定初五、初十、十五（元宵）为祭日，由巫师和童男童女净身后装扮成天神、地神和掌管五谷六畜的诸神，抬着草扎的图腾至汨罗江边，焚了香火，摆好事先准备好的牛羊猪等牲畜及野果，放了炮响，祭天、地、鬼、神，其间进行说唱，

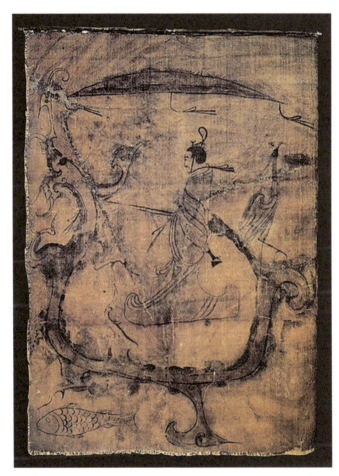

图 3-1-1 战国帛画《御龙图》

而后游乡，后来又逐步加上了表演的成分。玩故事的基本形态已初见雏形。

帛画乃引魂升天的铭旌，战国楚帛画《御龙图》就反映了先民们对人死后灵魂不灭、乘龙升天的愿望。屈原的《招魂》篇里，曾记载南方招魂拯灵的情景，描述东南西北、天上地下各有其害，呼吁灵魂不要到那些地方去，而是要返回故居，并衷心发出"魂兮归来，哀江南"的呼唤。（图 3-1-1）

直到现在，玩故事的渊源种种都能在生活中找到影子。如丧事中长乐人依然延续着土葬的仪式，还有做"道场"、唱"夜歌"、行"三叩九拜"仪式等传统，为逝去的亲人祈福，送其上路，超度亡魂。

做"道场"一般设坛挂上三清神像、牛头马面小鬼等各相关画像，道士在神坛内做各式法事：开坛、成服、念经、拜忏、进表、进疏至烧灵屋等。

做"道场"唱"夜歌"中最典型的要数"十哭歌"。

辛卯岁（2011 年）三月二十九午时，下市街文昌阁游排四娭毑过世。土葬仪式头晚近子时，悲悲切切的歌声开始吟唱：

> 一哭兮，泪纷纷，恸父母如何不久存？呼天天不应，叫地地无门，叹人生，《楚辞》读罢招亡魂。

> 二哭兮，泪涟涟，恸父母如何赴九泉？田园遗世故，栋宇富攸源。叹人生，创业还需善守田。

> 三哭兮，泪涓涓，恸父母如何不应儿？延邪宗圣道，教子招前贤，叹人生，诗书舍赖后人传。

> 四哭兮，泪滔滔，恸父母如何不操劳？青年志不懈，白发新描豪，叹人生，黄泉路上不能逃。

> 五哭兮，泪绵绵，恸父母如何不久延？兄弟悲离别，儿孙忍弃离，叹人生，义重恩深也枉然。

> 六哭兮，泪悠悠，恸父母如何不稍留？亲朋何处见，事成别时丢，叹人生，一旦归阴万事休。

七哭兮，泪汪汪，恸父母如何突然亡？白罗书姓字，黄土掩文章，叹人生，饱留礼乐在高堂。

　　八哭兮，泪凄凄，恸父母如何耳边提？呼泽长留在，花名到处题，叹人生，事业留作古遗迹。

　　九哭兮，泪浓浓，恸父母如何再相逢？勤耕安本业，苦读大家风，叹人生，当思耀祖更光宗。

　　十哭兮，泪潺潺，恸父母如何不久还？德谋垂后世，冠服列朝班，叹人生，墓古须邀紫浩颁。

声嘶力竭的哭腔让逝者的亲人无不痛哭失声。

　　而逝者或逝者家人有为故事会做了贡献的，故事会一票人马会极尽热闹之能事，来告慰他们。如上述土葬仪式的头一天晚上，所有的亲朋好友都向逝者告别。在玩故事威风锣鼓的强劲鼓点中，在震天的鞭炮声和悲戚的哀乐声中，每一个人表情肃穆而神色凝重，从亲属到街坊到朋友三人一组，披麻戴孝的均须恢复自然态，即脱了孝服，一叩三拜，立身，前行三大步，再叩、再拜，如此反复三次，由远及近向逝者告别。这个时候，故事会敲锣鼓的汉子赤了膀子极为卖力。黑夜，灯下，烟雾缭绕中，汉子们像极了神秘的巫神，把人的每一个心瓣都击得颤巍巍的，久久沉浸在哀伤的情绪中。

　　"三叩九拜"仪式，是丧事中最为隆重的仪式。古人云，"一生二，二生三，三生万物"，三在中国人眼里是基数，也是大数，"三三而九"，九字就是至尊了，"九"在《易经》中为阳数，九九八十一，象征终极。在我们祖先的行事或皇宫皇陵建筑中，均能见到"九"这个数字的痕迹，无一不折射出九为天地之至数、天人合一的文化心理。

　　由祭祀活动真正演化为玩故事，是在贞观二十年。彼时，唐太宗为示太平盛世天子与万民同乐，昭示天下，每年上元节（元宵节）大放烟花灯，这样便使得正月举行的祭祀活动与元宵闹花灯相结合，草扎的图腾逐渐用童男童女代替，并慢慢变化成生动的"故事"。据传，"故事"最初被称为"古事"，取"演古代之事"之意，后来因音同意近，以"故"替"古"。

艺术源于生活，若离开生活便丧失了生存的土壤。玩故事中高跷故事即是典型。跷，从甲骨文梳理，可窥其原义。古同"蹺、蹻"，从足。"夭"，小篆为"夭"，意为像婴幼儿学步一样摇摇晃晃。"土"为泥土，"蹺"，跷，原文为行走于湿泥中，其提脚、跨步等动作艰难若婴儿学步。高跷，即脚绑偏高的木制道具，退潮后在水边滩涂捞鱼，防止陷进淤泥里。由此，高跷最初起源于海/湖区，海/湖区滩涂常年湿软，尤其是洪水暴发后明显。古时捕鱼靠手工操作，为了方便在水中或软泥中行走，扎上四五十厘米的高跷捞鱼捕虾。晋代郭璞就曾在注释《山海经》说："长脚人常负长臂人入海中捕鱼也。"现广西东兴市金滩偏远地，仍有京族的渔民踩着高跷捕鱼的传统。斯里兰卡的高跷捕鱼也被越来越多的人所熟知，跟广西渔民踩着高跷行走捕鱼不同，斯里兰卡的僧伽罗渔民更习惯将单个木桩插入，人或站或坐其上捕鱼。同样生活在水边，即使相距天涯，也能找得到人类赖以生存并逐步延续的类似生活轨迹。（图 3-1-2）

图 3-1-2 广西京族高跷捕鱼

高跷在全国深受喜爱。也有单脚的，如山东的独杆跷。《列子·说符》就有记载："宋元台而使见其技。以双枝长倍其身，属其胫，并趋并驰，弄七剑迭而跃之……"可见，高跷早在先秦已流行于民间。汉魏时高跷为宫廷的"百戏"节目之一，被冠以"双木续足之戏"之称。北魏时已有踩高跷的石刻画像。六朝时出现"掷跷伎"，踩高跷时可翻跟斗，技艺达到了一定高度。清朝厉秀芳所撰《真州竹枝词引》中曾描述"好事者……或为高跷之戏，装各出戏文，下缚丈木于足……"，可窥其受欢迎程度。而长乐人则在玩故事的不断发展中取其形并逐渐转化为娱乐。

　　类似还有雨具的运用。古时最初没有雨靴，就找那种有节疤的略有一定弧度的枞树砍两截削成木棍，在离截面三四寸的地方钉上小木板，另一端缚上绳子。下雨时将脚踩于小木板上，绳子挎于肩上，用手扶住木棍的上端，一步一步前行，有弧度的地方让膝盖能灵活屈伸。20世纪70年代汨罗、湘阴偏僻山村里，仍能找到这种木制雨具。慢慢地，长乐人将它尺寸不断加高，直至挑战五六米的极限高度，作为既挑战自己又挑战别人的一项竞技活动，逐步演变为高跷。

　　截至2025年3月，列入国家级非物质文化遗产代表性项目名录的高跷有9项（项目序号112，项目编号Ⅲ-9），归入传统舞蹈类别，如山西的高跷走兽、辽宁的辽西高跷、甘肃的苦水高高跷、河南的高抬火轿等，均源于北方。它们更倾向于表演，高跷的高度相对低，表演形式有"踩街"和"撂场"等。而作为玩故事样式之一的高跷故事，其与众不同的标识来自两个方面，一是崇尚挑战高度，二是有丰满的故事内容。

　　高跷归根到底始于生活。长乐人在与生活的不断较劲中，总希望以更强大的力量来震慑和征服大自然。这一精神体现在玩故事中，融入上、下市街玩故事两大阵营的竞技过程里，为了胜出对方，高跷越扎越高，最终形成独立的高难度的玩故事的主体形式之一，形成独有的地域文化特质。而当一种节日变成一种生活方式，一种生活方式变成一种被村民们认同的文化后，每年年首近半个月的"故事"的招摇，便喧哗着长乐人对这一年的生存的希望和生活的信念。

第二节 蓝墨水涌动的风骨潮汐

当我们对生命心存敬畏之心时，世界也会在我们面前呈现无限生机。这种生机，无不折射生命的内在高贵。"生命像在非常严肃的场合的一场游戏，在所有生命都必将终结的阴影下，它顽强地生长，渴望着超越。"[4] 在原始先民的认知中，初萌的审美意识并非缥缈的精神欢愉，而是如野火般自然升腾的对壮硕生命的礼赞。那些刻在陶器兽骨上的图腾，绘在岩画里的赭色线条，无不昭示着生命崇拜，这正是民俗艺术最深邃的根系。当毒蛇环伺的丛林、猛兽觊觎的暗夜以及随时可能熄灭的生命火种构成生存底色，先民将呕心沥血的生存智慧熔成了对生命的敬畏。在蒙昧岁月里，生命的繁衍不仅是部落存续的根基，更是代代相传的至高使命。生殖与生命这一巨大的母题贯穿了人们的生活，并得到了人们对它的虔诚推崇。

外观灰不溜秋的蚌壳，孕育的是美丽而又光泽的珍珠。蚌壳寓阴性，在长乐先人眼中是与孕育二字分不开的，并且含了生殖崇拜的意味在里面，蚌壳肉被认为是一个极为滋阴的土方子，因而地故事中常离不了与人等大而妖媚的"蚌壳精"。

对于先人而言，生殖就是生命力。地故事"老汉驮妻"中一个人表演两个人的打情骂俏，"渔翁戏蚌"中渔翁对蚌壳精的调笑，看似插科打诨，骨子里依然是对情爱的宽容，是村民们对原始的生殖崇拜最直白的表达方式。（图 3-2-1）

而经久不衰的"比"的较量、绚丽而饱满的脸部及服装色彩等都如孔雀开屏般折射了人们对生命的尊重与虔诚。"故事"在街上的招摇是风光的，可扎故事是一件辛苦而细致的差事。一旦出故事，早上五点多天还没亮，大人们就得忙着给小孩化装，给抬阁装扮了，若是高彩故事和高跷，还得搭上高高的人字梯。化装时一笔一画的描绘间、穿古装时红黄蓝绿的选择间、扎高跷时绑带的一缠一绕间，都倾注了长乐人尽

上左 / 图 3-2-1 蚌壳精
上右 / 图 3-2-2 扎故事前先化装
下左 / 图 3-2-3 化装完毕
下中 / 图 3-2-4 化完装再着古装
下右 / 图 3-2-5 高跷在半空的洒脱

善尽美的心思。（图 3-2-2 至图 3-2-4）折射出长乐人对生命饱含的高度热情。

在春节的这段农闲日里，长乐人把平日的劳苦抖落，把平时舍不得吃舍不得穿的这股劲彻底投入，将理想现实化，将现实理想化。这正体现了先人对高、大形象的特殊感受和追求。一如《老子》中云，"大象无形，大音希声"，充满了对生命中大的事物的赞美。这也吻合了长乐人过年的一些习俗，如三十过大年，大鱼大肉敬诸神，炒腊肉一片至少半斤以上，肉切薄了是要被人嗤之以鼻的。吃年饭时要笑对每一个人，小孩子再淘也不能将其弄哭，以希冀有一个美好的开端。

当人踩着一副高跷穿行于镇子间时，正如一个彩色的游走的大写的"人"字，力道平衡了，"人"字才不至于写得东倒西歪。也只有长乐人真正体会到，生命中这个"人"字的一撇一捺要包含了多少艰辛才能真正立得稳。高跷挑战着人的极限，将正常比例的人的腿延续到比宅子还高的仿若升到天上能与神明对话的高度，超自然的神灵的幻想无意识地流露出来，撼动着人们的心灵。（图 3-2-5）

风骨，即刚正的气概、顽强的风度等。玩故事主体造型选择的基本原则便是鞭笞假恶丑，弘扬真善美，偏爱于塑造形态鲜活、风骨硬朗的形象。这跟中国戏曲有异曲同工之妙。中国戏曲多善恶分明的形象，有"唐三千，宋八百，数不清的是三国"之说。

这一方面源于儒家文化的浸润与英雄情结的滋养。

儒家文化崇人伦、尚鉴史，精于道德与政治的互化之道，如戏曲艺术寓教于乐，天然承载着惩恶扬善的教化使命，玩故事亦不例外。南朝梁、陈时，长乐就为岳阳郡治，彼时湘北大地无论政治经济还是文化，皆以此地为璀璨舞台中心，古称岳阳郡，其必然浸润于儒风雅韵之中。六百载郡治淬炼出长乐人的恢弘气度，也铸就了长乐人世代相传的激越情怀。

玩故事虽是表演，但不用说话不靠演唱，而是靠造型去吸引人、感动人。玩龙舞狮、高彩故事与高跷故事等更是让人感受到力量的均衡与内在运动的流畅。如"桃园结义""单骑救主""大闹淮安""怒贬牡丹""击鼓骂曹""大闹天宫""贺后骂殿""木兰从军""八锤大闹朱仙镇""四平山"等故事表演，英雄气势呼之欲出。即使是身份卑微如屠夫，中了状元也要将他高高立于"锋利"的刀刃上，一来教人不忘本，二来更能塑造英雄的气度。正义、公平、奋斗等这些词眼让玩故事有了内在的风骨，也让长乐人的内心有了风骨。古镇人自小在各种"故事"的滋养中长大，人人又身兼导演、演员、制作、美编、后勤、观众、评家等多种角色，对风骨的推崇是全镇村民的共识。（图3-2-6、图3-2-7）

风骨，对长乐人来说，意味着要有胆识，并具备健康而强壮的身体。长乐人认为，身健康，心愉悦，具备了胆识，做任何事就都有了坚实的基础。打小，长乐娃就被浸润在大大小小、高高低低的"故事"中。从"地故事"的演绎在地上行走，到"地台故事"在每家每户推行的小舞台上或坐或站安静展示，到"高彩故事"中孩子悬于半空，再到"高跷故事"中能独立踩高跷游走，这一个过程是一个由低至高的技能训练过程，也是一个身体素质训练的过程，更是一个逐渐增强胆量的过程。筋骨强健、体魄健硕，这个看似朴拙的期望，实则是长乐人镌刻在血脉中的最朴素的认知和生存智慧。就像古希腊尊崇比例匀称、身手矫捷、发育好的人体一样，征服自己才有可能对世界不畏惧。由此，胆识才有展示和内化的可能。

在高彩故事的演绎中，长乐人会将儿女扎于"故事"中训练他们的胆量，同时更把他们能悬于半空并微笑到底当作一种莫大的荣耀。若当中有坚持不住而面露惧色或哇哇大哭的，很长时间都会被大人念叨或被同龄人取笑。

高跷练习中，从一米到三米、四米的挑战如果没有足够的胆识配合逐层递进的训练，是无法完成的。一方面，越高分量越重，一副四五米的高跷重达二三十斤，坚持走完展演全程，需全神贯注，越高难度越大，会耗费极大的体力和心力。另一方面，人在半空中仅靠两根细细的木条把握身体的平衡，同样需要技巧，风向、地面、坡度等都会影响团体行走的顺畅度，需要敏锐的观察判断及及时的应对。而在走稳的基础上再辅以各种挥袖、舞刀剑、抖肩等动作，可谓难上加难了。因此，在反复的练习中，长乐人也养成了胆大心细的特质，并折射于生活各个细节。（图3-2-8至图3-2-10）

风骨的铸成另一方面则源于长乐人的创造性。

图 3-2-6 单骑救主　　　　　　图 3-2-7 木兰从军　图 3-2-0 小朋友踩高跷时的小雀跃　　图 3-2-9 踩高跷从孩童就开始训练了

　　因为"比"，故事必须出新，这让长乐人的创造性得到了很好的延续，让他们的思想即使在不认识字或少识字的状态下，在劳累的农忙时节，在清闲的"坐人家"（长乐话，意为闲时串门。"走人家"则意为走访亲戚）的说东道西闲聊中，都有了很好的释放。没有太多书本的牵绊，没有精细的理论和技术指导，思维反而能天马行空。对经典故事，他们在每年的反复揣摩中去芜求精，同时他们又不断在自己的生活表象中创造艺术品——新故事，既是创造者又是欣赏者。就像面对同一命题"大闹天宫"，孙悟空既可以怒砸炼丹炉（见第一章图 1-2-21），也可以悬空于李靖的塔上藐视他，或者张扬踏于手持乾坤圈的哪吒的头上。这种"自我"欣赏赋予人们洒脱的气度、乐观的心态和坚定的信念，也使内在力量与风骨时时得以充盈。（图 3-2-11、图 3-2-12）

　　在比的过程中，"故事"常即兴发挥，既浸润着古人鲜活的生活意趣与时代风貌，又暗含机锋——要令对手心悦诚服，更要砥砺自我在创新中突破，在超越中取胜。这种寓教于乐的文化博弈，恰似一面铜镜，映照出中华民族既兼容并蓄又锐意进取的精神图谱，为千年文明传承写下生动鲜活的注脚。

　　比故事虽然是两军对垒，针锋相对，互不相让，但自古至今并没有比出矛盾来，人性的"真""善""美"从不因比而缺失。如有一次一方的故事出到另一方的地盘时，抬阁上的小孩突然不适，对方的人得知，马上帮助小孩卸妆，叫来医生急救，如同对

图 3-2-10 因悬空时间太长忍不住哭泣的小孩　　图 3-2-11 大闹天宫 1　　　图 3-2-12 大闹天宫 2

待自家孩子，同时将自己已化装好的小孩同样穿戴，抱上台去，使故事圆满结束。至于因扎故事起床太早（早上五六点就起来化装，着戏服并固定于抬阁上）没来得及吃早餐，小孩顶不住了哭将起来，到另一方地界对方的看客塞点早餐过来那是常事。有时，小孩子因为悬在空中时间过长睡着了，看客们也不苛求，只是付诸一笑。这种接地气的老百姓的艺术没有高高在上的阳春白雪，浓浓的烟火味反而让人分外包容豁达。

正义、公平、奋斗这些词眼铸就了长乐抬阁故事会的文化脊梁，当这些内核与精妙的技艺相融，便在长乐人血脉中锻打出铮铮风骨。那些镌刻着匠人精神的技艺体系，实则是以挑战人类潜能极限为熔炉——淬炼技艺精度、锻造耐力强度、雕琢协调美感、磨砺心智韧性等。这正应和了马斯洛提出的"自我实现"的本质，不仅是生存需求的超越，更是生命个体对精神高度的永恒攀登。当这些饱含生命张力的民俗演绎由天真萌娃担纲，便在无形中完成了文明传承最动人的教化叙事。

聪慧的长乐先民缔造的玩故事，以比为弦，用笑为墨，将充满巧思的民间"集体游戏"，在平淡岁月里以竞技的热烈与童真的拙朴延成古韵绵长的文明印记，淳厚而稚拙。

第三节 **赤焰跃动下的星火燎原**

　　若细读"社会"二字，会感受到篝火中的赤焰跃动。社，从示从土，形如祭台承载大地，既象征执掌沃壤的神祇，亦指代供奉地母的圣坛、春秋献祭的吉期与五谷丰登的仪典。会，意为聚众。春祈秋报的农耕文明中，先民将立春、立秋后第五个戊日定为社日，并逐渐以血缘为纽带结成群落，在广袤大地上烙下生存印记。那些口耳相传的传说、躬耕垄亩的时令、薪火相承的技艺，便如同藤蔓般交织蔓延，终使文明星火渐成燎原之势，赤焰跃动下汇聚成名为"社会"的人文共同体。

　　社会是人与环境形成的关系的总和。在农耕文明的千年积淀中，长乐人在吃穿住行间，在玩故事过程中悄然镌刻出流淌在血脉中的文化图腾。诸如故事中"木兰从军""单骑救主"等英雄化片段提取的对风骨的推崇，诸如高彩故事、高跷故事中对高与险的极致探索，诸如对"刘海砍樵""屠夫状元""金桥算命"等平民文化的感同身受，诸如"花果山""莲花化身"等对小朋友的舐犊之情；诸如"采莲船""渔夫戏蚌"等对水边人世间生活的饱满热情等等。久之，形成独特的长乐人的全民性的狂欢。（图3-3-1至图3-3-4）

　　玩故事如一团火！

　　一团永不止息的、星星点点即可燎原的火！

　　一团快乐而有激情的火！

　　一团如凡·高画向日葵般急剧抖动着的带有强烈情感的火！

　　不论何种环境，这团火从来不会因环境的变化熄灭，而是熊熊燃烧于长乐人心中。勒庞曾这样描述一类群体的信念："有持久、牢固而且重要的信仰，在数百年的时间里，它们都能够保持不变，也许，整个文明都是在它的基础之上。"[5] 由此，当命运的寒潮

上左 / 图 3-3-1 懵懂的眼神演绎热腾腾的平民生活
上右 / 图 3-3-2 花果山
下左 / 图 3-3-3 莲花化身
下右 / 图 3-3-4 金桥算命

席卷，这团精神之火便蜷缩成微弱的萤光，却始终在灵魂岩层深处隐隐跃动；待到春光漫来时，这簇火焰便迸发成冲天光柱，在自由的苍穹下灼灼燃烧。

长乐人对玩故事的信仰、认同、投入，已在头脑中扎下深深的根，并长久持续着，"固执"地充满热情地守着其浓郁的民风民情民俗。80年代有不少家庭还处于贫穷状态，但为玩故事可以什么都舍得。如扎故事时，装置小舞台的抬阁太小，就在板车上放置家里的新床板；又如扎起故事来可以整晚不睡等等。"正是因为有群体……才能够让人不顾一切地以死为代价去行动，去维护一种教义，去保证一个观念的凯旋，会让一个人为了赢得荣誉，而满怀热情地赴汤蹈火，在所不惜。"[6]玩故事，是全民性的。其表演不在高高的豪华殿堂，而在每一条乡村街道上，以天地为舞台，没有了等级，没有了特权，没有了规范，村民们能真正自由挥洒自己的智慧。其表演的主角主要为每家每户的小孩，其策划的主角则为每家每户的成年人。而编导、化装师、保镖等均由成年人来自如地切换。每一个长乐人在这个快乐而情绪饱满的过程中都能找到自己的族群认同感。长乐人对自己两个群体（上、下市街故事会），多年来承袭自发性的"比"的方式，对外合二为一的群体性划分，再难找到第二例。古人三生万物的"万"是"一"的具体形态拓展，看似对立的事物，本质上都是同一个根源的分化与升华。这种像北斗星一样永恒不变的辩证智慧，始终滋润着中华文明几千年的发展历程。在"比"的哲学内核里，藏着对"和"的终极追求。荀子说得透彻："阴阳大化，风雨博施，万物各得其和以生。"和合之道就像太极图里的阴阳鱼，始终刻在我们民族的精神基因里。

这既是对个体的高度肯定，保持了热情洋溢的内在主动性，又使这样的群体具有持续的不断革新的创造力，二者互相影响，为文明星火铺设出可燎原的生长沃土，更是深层文化自信的具象化表达。

早在两千多年前的《礼记》描述了对大同社会的向往："大道之行也，天下为公。选贤与能，讲信修睦。故人不独亲其亲，不独子其子，使老有所终，壮有所用，幼有所长，矜、寡、孤、独、废疾者皆有所养，男有分，女有归……"玩故事，反映了长乐人于劳累中求欢乐，于逆境中求解脱的心态。中国人几千年来压不垮打不散、能屈能伸的气质在这里得到了很好的体现。

玩故事是依"年"而生的。从农历大年三十到元宵节是长乐人最为看重的日子。

在中国人眼里，一年的节庆里最隆重莫过于年。不管平时在外有多苦多累，不管车有多挤，过年了，人们还是乐意大包小包地扛回去和家人团聚。

"年"，意味着寒冷的冬季与旧的生活即将过去了，而充满生机的春季即将来临，新一轮美好生活——"福"要开始了。

"福"字，最原始含义是"向上天祈求"，甲骨文中意为"将祭品置于几上，以酒浇祭神祖，祈求神祖降赐好运"，是古代祭祀的形象写照。平时，人们日子或辛劳或勤俭，但春节都会准备新衣裳和比平常生活丰盛得多的美食，将生活修饰得圆圆满满，祈望着理想中"福"的到来。人们大肆张贴着大大的"福"字、红红的对联、热闹的财神图像，也张贴着喜庆，张贴着竭力融入现实的心目中的美好畅想……"年"变成了一个美好而特别的梦境，它虚虚实实地飘在云中，却又可以触摸和感受。

玩故事正应了这个特殊时段人的心理需求，并更加延续、强化和夸张了"年"的氛围，这亦是长乐人创造美好世界的理想外化。没有一种活动没有一种艺术能让一个镇上的人千百年来延续着传统，将一年来对自己、对他人，甚至对神灵的安慰、鼓励和希冀表现得如此具有感染力，并将它的色彩渲染得越来越浓烈。也没有一种艺术能让长乐人如此重视，如此投入，将它看得比任何事都重要。家家户户，多则数千，少则几百、几十元不等，不分贫富，没有阶层高低，均自发地组织筹措经费，是业余，更是专业地业余着，不计报酬，不图索取。

民俗文化从来与悲剧无缘。在编织故事的长河里，"故事"的创造者——村民们虽历经沧桑却始终保持着丰盈的精神绿洲。他们在"扎故事""玩故事"的过程中以饱满的精神状态对待这一盛事；以"故事"形象的虚构和再现来补偿对欢乐的渴望和对理想的追求；以"故事"的多姿多彩来补充生活的力量；以"扎""玩"的高超技艺来挑战对生命极限的诗意突围；以"故事"的纯粹和幽默来表达对假、丑、恶的鞭挞和鼓舞人们继续奋斗的勇气。因此，村民为自己这一阶层创造的艺术，总是在张扬他们巨大的生命力，奔涌着昂扬激越的磅礴力量。

第四章
域

长乐镇，素有湘北『小南京』之称……

玩故事是从『长乐』这片山这片水这片土地这片人事里长起来的，它鲜明的地域特色展示给世界以精彩……

玩故事的发展史是一部长乐人的心灵史。

玩故事的发展史是一部属于本源文化的人性艺术史。

第一节 毓钟灵的山水之境

真正的文化之源都与水有紧密的联系。

尼罗河的清波孕育了悠久的古埃及文化。

两河的曲殇灿烂了神秘的古巴比伦文化。

印度河的温婉舒活了梵香缭绕的古印度文化。

黄河的奔腾浇灌了天人合一的古中国文化。

有了水，紧密相连的地域便有了流动的韵律。

《管子·水地》曾说："水者何也？万物之本原，诸生之宗室也。"水，自然元素，生命之源也。没有水，就没有生命。它从人直立行走而为"人"开始，就与人类生活乃至文化历史结下了一种不解之缘。

水，在文人笔下，是经久不衰的文学母题。翻开《诗经》，会看到"蒹葭苍苍，白露为霜。所谓伊人，在水一方"这样的千古绝唱。水，这流动的精灵在文明进程中幻化出万千气象，不仅浸透华夏文明的基因血脉，化作东方智慧的哲思内核，更升华为中华文化谱系中永恒的精神母题，绽放出摄人心魄的思想光华。

长乐镇四周青山环抱，绿水缭绕，祥和宁静的乡村不乏勃勃生机。老子云："上善若水。水善利万物而不争，处众人之所恶，故几于道。"蓝墨水浸润的汨罗江半拥着长乐镇，天然的水域优势使长乐人的眼光自水而延伸并开阔舒展着。（图 4-1-1）

李煜在《虞美人》中曾吟，"恰似一江春水向东流"，然而汨罗江却是反方向——一江春水向西流。汨罗江，自江西省修水县，经湖南省平江县、汨罗市，转西北流至白塘镇，于汨罗江口汇入洞庭湖，全长 253 公里，汨罗、平江境内为 200 公里左右，

上 / 图 4-1-1 俯瞰长乐镇
下 / 图 4-1-2 静谧的汨罗江

上／图 4-1-3 闲适的水岸　中／图 4-1-4 静谧的汨罗江　下／图 4-1-5 长乐的守护神：临汨罗江的回龙门

流域面积 5543 平方公里，因楚国诗人屈原而名闻天下。汨罗江分为南北两支，南支为主源，称汨江，北支称罗江，于汨罗市屈潭（大丘湾）汇合称"汨罗江"。汨罗江于长乐镇而言，为福祉。长乐以上，汨罗江流经丘陵山区，水系发达，水量丰富。长乐以下，支流汇入较少，河道展宽可以通航。旧时的汨罗江是黄金水道，有《岳阳市交通志》所载为证，汨罗江在民国初年载重 390 吨的盐船可抵县城。1950 年即使遭遇枯水期，仍然可行 12 吨重的船，丰水期可行 50 吨重的船。（图 4-1-2 至图 4-1-4）

已逾千年的古老的回龙门如镇子的守护神，高高盘踞在镇子的最南边俯瞰着汨罗江。（图 4-1-5）回龙门地处长乐下市街南边的尽头，其向北延伸是长乐镇的主街，这条悠长的麻石街上千百年来印满玩故事的足迹。两边遗留古建筑颇具民俗特色，尚可隐现历史的沧桑与昔日的繁华。（图 4-1-6）回龙门下曾是繁华的码头，一层一层的青石板由半空一直往下延伸进屈子的魂里。据传屈原当年愤投汨罗江一个叫河泊潭的地方，当时的人们悲痛万分，划船找寻屈原的尸体，回龙门就是为纪念沿汨罗江打捞屈原的船由此回航而建，至今汨罗江仍有赛龙船的传统。千百年来，长乐小镇因汨罗江而得"势"，将汨罗江滋养下的悠然、恬适从容融入了玩故事的方方面面。

天岳山（即幕阜山）的南面为现岳阳市，长乐古为岳阳郡，汨罗江依同属连云山脉的幕阜山的山尾顺势进入洞庭湖。虽然洞庭湖年年涨水，周围也偶有山洪暴发，但延绵的山脉也为长乐竖起一圈温暖的臂弯。长乐是汨罗江进入洞庭湖前的第一个河流冲积平地，生态资源丰富，湿润性气候带来分明的四季充沛的雨量，甚至汨罗江砂金矿储量也居长江以南各县市之首，是一个十分宜居的镇子，想必长乐人的祖先在迁移的时候走出大山便一眼相中了这块资源富集的地方。

智者乐水。

仁者乐山。

山是稳健的。

水是灵动的。

吐故纳新，从小汲取天地间精华，长乐人无法不濡染山水的灵气。

这样的山水养育了一方人。勤劳朴实的村民们在常年跟大自然的默契和生活中生出了豁达，生出了灵动的双手，生出了善思考善提炼善呈现的智慧，更生出了故事。

古时交通不方便，长乐主要靠水运。咿咿呀呀的船来船往，让长乐人摇出了小镇，摇出了宽广的视野，也摇进了外面世界的繁华。

因为有山，一直暗涌在长乐街上的英雄之气，长乐人从来不缺。也因而，铸就了不畏艰险、敢闯敢当的性子和玩故事的豪迈。在玩故事当中选英雄故事，"扎"英雄情节，演英雄形象，乐此不疲。

因为有水，长乐人被赋予了胸襟开阔、自强不息、乐为人梯的特质。也因此，在玩故事中既能"比"出豪情，也能在对方困难时细心照拂随时帮助，在多年的"比"中也没比出矛盾，还能不断创新。

图 4-1-6 长乐的麻石街

图 4-1-7 长乐甜酒

用长乐地域的水做的甜酒分外清甜。相传元顺帝巡幸此地小憩，品甜酒后，赞不绝口，随口吟来："长饮甜酒，乐而无忧。"荣列中华老字号名录的"长乐甜酒"，已成为长乐文化版图中极具辨识度的金字招牌。逢年过节，家家户户少不了一坛甜酒，招待客人时甜酒冲蛋也是少不了的。大年三十，新年钟声快敲响的时候，家家户户也会在甜酒冲蛋里再放上糍粑、桂圆、红枣、柿饼，团团圆圆的一桌喝出年的滋味。即使有人拿了长乐人做的"甜酒曲"（做甜酒的引子）到外地按同样方法做甜酒，还是做不出那种原汁原味的沁人心脾的甜来。（图 4-1-7）

玩故事中，"故事"前后的顺序、高低的安排，有如水的波浪般起伏的韵律。一套完整的故事，远远望去犹如带了笑的水波翻滚而来，有起，有落，有高潮，有低谷，有回旋。

玩故事中，鼓的节奏则从来不缺波涛汹涌的气势，到激烈处会撩得人心尖尖都随了鼓点而颤动。

玩故事还是铿锵有力的，在锣鼓声中一步步的高跷落在麻石板上掷地有声，甚至也有娇柔的女将踩了几米的高跷混杂其中，配了明黄正红翠绿的古装穿在身上却也是英姿飒爽，毫无扭捏之气。这样一份张扬着的如山般的阳刚，骨子里又交融着如水般江南的柔性，在"扎"故事的过程中，无疑，长乐人的心思是细腻而喜悦的。也只有这山，这水，才能酿出这样的暗含了柔软的豪情来。正如首尾相接的太极图，多一分，差一毫，都衔接不了这样阴阳自如结合的完美。

第二节 启文枢的天问之襟

《诗经》源于北方的黄河流域。

《楚辞》源于南方的长江流域。

《离骚》在这里长出了繁茂的枝叶。

韩少功曾在这里写出《马桥词典》……

长乐，是具有文化气息的千年古镇，位于湖南汨罗东北部，地处闻名遐迩的蓝墨水的上游——汨罗江北岸。相传当初战乱时，江西移民至此安居，取"长久安乐"之意，故称"长乐"，旧称长乐街，流传至今。千年的楚文化熏陶，数代人的传承与发展，创造了独具特色的民俗文化。

战国末年，诗人屈原因为反对楚怀王和楚顷襄王的对外政策，被流放至汨罗江畔。在这里他写出了一生中最重要的作品，如《离骚》《天问》等，将楚辞这一体裁发扬至前所未有的高度，与《诗经》并称"风骚"，在中国文学史上独树一帜。前278年，楚国都城郢被秦国攻占，屈原感到救国无望，于农历五月初五作《怀沙》而自投汨罗江。其生于湖北，殇于湖南，两湖均属楚国疆域。从长乐人那天悲愤地摇着船沿汨罗江寻找屈原开始，汨罗逐渐成为世界龙舟竞渡运动和龙舟文化的发祥地。

屈原，已然形成中国一座让人瞩目的精神高峰——

"诚既勇兮又以武，终刚强兮不可凌。身既死兮神以灵，魂魄毅兮为鬼雄"的爱国精神。

"举世皆浊我独清，众人皆醉我独醒"的清正高洁品质。

《天问》中大量神话和历史传说折射的浪漫情怀。

"长太息以掩涕兮，哀民生之多艰"的民本思想。

"路漫漫其修远兮，吾将上下而求索"的敢于探索的勇气和垂范……

千百年来，这种带有楚国特质的屈原精神已浸入汨罗江边长乐人的骨髓，亦在玩故事朴实的喧哗中内化入玩故事的点点滴滴。

一个人的力量微弱，但一旦形成精神特质，就如一道光给历代千千万万人带来光亮并乐意执着前行的时候，就必定形成中华民族文化的精神内核而影响深远。泱泱屈原精神正是如此。

而当汨罗江奔涌汇入岳阳楼畔的洞庭烟波，长乐这座千年古邑便与范仲淹"衔远山，吞长江"的浩然气象血脉相连。"先天下之忧而忧，后天下之乐而乐"的千古绝唱，如江风般浸润着长乐人独特的文化品格。这种忧乐情怀千百年来深深地内化入中国文化的心灵底层，孕育出"九死犹未悔"的饱满而立体的生命气象和精神状态。于个体，它是砥砺心志的磨刀石；于家国，它是照亮征程的星斗光，这般生生不息的文化脉动，让长乐儿女有了不竭的精神动力与敢为天下先的担当风骨。

长乐人玩故事玩之乐之，演尽古时天下事，但并不安心于故纸堆，反而对现实能时时关注、审视，依古而述今、自今而抒怀，将内心的诉求通过玩故事表达出来，不断提炼经典故事，不断塑造新故事。多年积累的文化基因，已融进村民们的血液。

长乐只是一个小镇，但"照壁巷""文昌阁"等镇内街道、片区的取名毫无乡野的粗鄙。镇虽小，但常年的文化滋养使人不仅有风范，有文人气度，人与人之间也相互尊重，并乐于助人，行事追求完美，对故事的造型处理更如此。在玩故事中贯穿的险中求衡、比中见和、活中凝魂、拙中孕新的艺术特性的追求，更表达了其对高水平高质量生活的向往。如夫妻对外介绍自己的伴侣，不论男女，均称为爱人，意为相爱的人，将男、女处于平等地位看待，与别处称妻为"拙荆""老婆""婆婆""厨娘""内人"等，从字义上看便有云泥之别。在长乐抬阁故事会的展示中，所有角色均自愿自发完成，只要需要，谁都可以上妆，谁都可以跑腿，谁都可以贡献一份自己的力量，既不区分功劳大小，也无贵贱高低，均坦然相对。玩故事虽是质朴而直观的村民艺术，但其取材、内涵却无不透着文化的气息。

涵气度的古城之基

春秋时期长乐为罗子国古地。

战国时期长乐属楚。

南朝梁、陈时，长乐为岳阳郡治，辖罗县、湘阴、湘滨、玉山、岳阳、吴昌等6县，成为湘北政治经济和文化中心，迄今一千五百余年，古称岳阳郡。

其间，梁武帝大通元年（527年），设岳阳郡，郡址在长乐镇长南村。及至宋代，王象之曾在《舆地纪胜》中描述："幕阜亦谓天岳，郡踞其阳，故谓之岳阳。"

梁武帝中大通三年（531年），萧詧（昭明太子萧统三子）被封为岳阳郡王，建岳阳城于长乐。

梁朝、陈朝、隋朝前期，郡制未变。

隋文帝开皇九年（589年），撤销岳阳郡设置玉州，吴昌、湘滨两县并入罗县，湘阴县并入岳阳县。改巴州为岳州。

开皇十一年（591年），改岳阳县为湘阴县，撤玉山县并入湘阴县，治所设于长乐。

唐朝建立后，经贞观之治，百业兴旺，仓廪充盈，人民安居乐业，长乐正月举行的祭祀活动与上元闹花灯相结合，慢慢演变成独特的"玩故事"。

北宋元丰二年（1079年），县制下设乡、坊、里，湘阴县下设置四乡二坊：长乐乡、永宁乡、大义乡、归政乡、新市坊、归义坊。

其后，据《一统志》载，元顺帝流居江南，后迎归登基时，行经此地小憩，时蛙声如鼓，令传禁，并登高台北望京都。故后人又称长乐镇为"望京镇"，今境内尚有"望京台""息蛙池"等古迹遗址。

明清时期，长乐水陆交通便利，工、商、农均日益繁荣，逐渐演变为典型的乡镇物资集贸中心。

图 4-3-1 长乐老街

图 4-3-2 长乐街的照壁巷　　　　　图 4-3-3 照壁巷的急递铺　　　　　图 4-3-4 急递铺里面已改成土地庙

中华人民共和国成立后，县市做了调整，1965 年划湘阴县为湘阴、汨罗两县，长乐隶属汨罗。

现今的长乐，是小镇，镇域面积 56 平方千米，辖 2 个居民社区、7 个自然村，分别为长乐街社区、长新社区、长乐村、马桥村、青狮村、长北村、联江村、海山村、合旗村。长乐镇距省会长沙 72 千米，距湘北门户岳阳 70 千米，交通便利。小镇虽小，但五脏俱全，依然是平、汨、岳三县市周边十几个乡镇的经济文化中心。逢年过节，古街上水泄不通。"全国重点中心镇""全国文明村镇""中国民间文化艺术之乡""湖南省群众文化艺术之乡""湖南省百强镇""湖南省星火科技示范乡镇""湖南省诗词之乡""湖南省旅游名镇"等称号折射出其悠久的历史和深厚的文化积淀。

长乐古镇全街旧有北门、正阳门、青阳门、启明门、钟灵门、毓秀门、挹秀门、迎秀门、迎贵门、回龙门等十门，主街划为普庆街、同庆街、吉庆街、北庆街、永庆街等五街，五街皆为商铺和作坊。与主街垂直方向含照壁巷、鲁家巷、陈家巷、梁家巷、丁字巷、榨子巷、三角巷、大庆巷等八巷，从上空俯瞰，形若"丰"字，规模宏大，钟灵毓秀，民风淳朴，享有湘北"小南京"之誉。1941 年日寇入侵，古镇大部分建筑均被"三光"政策的大火烧成残垣断壁。现存麻石街自南而北长 606 米，多个小巷如枝杈向东西延伸，隐隐透出当年豪迈的格局。（图 4-3-1）

长乐古街为南北走向，上、下市街大致以照壁巷为界。照壁巷的巷里现仍延伸了一段青石板路，路边留有古时邮驿铺递——急递铺遗址。急递铺古时专门负责公文递送（主要是朝廷政令），要求特别严格，在任何时候都必须做到安全、快速。按照古法，一昼夜通一百刻，凡递送公文的，每三刻行一铺，昼夜须行 150 千米。公文到铺，不管件数多少，不管白天黑夜，不管严寒酷暑、刮风下雨，都必须"随即递送"，不能滞留。宋时，这里充斥的是繁忙的身影、急速的脚步、专为铺兵能疾走不遇阻碍而设的铃声。（图 4-3-2 至图 4-3-4）

时至今日，邮驿早已闲置，急递铺的门头、名字都还在，长乐人把它内里改成了土地庙。传后来乾隆皇帝曾游玩尽兴后在此留下过墨迹。小小的几平方米，香火却旺得很。逢年过节或是镇上有人生了病、老（意为死）了人、有小孩临近考试的，镇上的人总不忘在这里絮叨一番安安心。边上有一口古井，水深而甜，古时是劳碌铺兵们及下市街的水源之一。80 年代，夏天村民们还会拿个木桶吊根麻绳下去，冰镇个西瓜，过几个钟头再取出来剖了吃，沁凉的味道比冰箱里冰的西瓜不知要好过多少倍。现在改成了篮球场，球场是下市街人自己筹划并出资而建。长乐人好热闹，所以古庙与球场，古老和现代相依而居，镇上人不觉有什么不妥的，大概觉得土地哆哆是最希望镇上人丁兴旺了，让他看看球场的热闹也会减点寂寞，多点欣慰。

古街靠南一头称为下市街，街尽头回龙门千百年来盘踞在那儿，俯临汨罗江，上下凝望，相依相守。靠北一头称为上市街。上下市街街道长短、居民户数、人口基本相等，上、下市街并无明显标志，虽然小镇不断扩大，但从来是旗鼓相当、势均力敌的。

这样的地域背景赋予了长乐人的大气。即使现在只是一个小镇，长乐人仍能守住内心的城域，有天生的自豪感和精神上的归属感。人云长乐人有两大特长，一善读书二善经商。无论是读书还是经商，彼此都不会相轻，在各自的路上都尽着自身的努力。长乐人离开家乡在外拼搏不自卑不畏惧，能动脑筋，亦能吃苦，因而大部分都还能在外面闯出不小的名堂来。钱钟书先生说，在围城里面的人想出去，在围城外面的人想进来。但长乐人不管读书还是经商出去，总乐意落叶归根，更对家乡的"故事"一往情深。

第五章 承

我们珍爱文化遗产，是因为文化遗产的灵魂在今天仍然是「活」的，是活的文明之魂……

我们传承文化遗产，最终是传承我们民族独特的精神存在——把我们民族的身份、血型、基因传承下来……

对文化传统而言，过去、现在、未来是绕不开的词眼。文化传统不是无本之木，它源于"过去"的不断生成，并指向"未来"，在不断的反省中创造崭新的文化传统形态，形成积淀。文化传统的本质是真正的"现在"。这个"现在"，对玩故事的传承而言，意味深长。

所幸，21世纪以来，国家层面提供了非物质文化遗产代表性项目保护与繁荣发展的土壤，"玩故事"也重新展现生机：

2005年《国务院办公厅关于加强我国非物质文化遗产保护工作的意见》（国办发〔2005〕18号）发布后，我国非物质文化遗产保护工作正式全面启动。

2006年国家将每年6月第2个周六设为国家"文化遗产日"，向全社会宣传非物质文化遗产保护与传承的重要性。

2011年，国家颁布《中华人民共和国非物质文化遗产法》。

2015年，文化部印发《关于开展国家级非物质文化遗产代表性传承人抢救性记录工作的通知》，同时下发《国家级非物质文化遗产代表性传承人抢救性记录工作规范（试行稿）》，全面启动国家级代表性传承人抢救性记录工作。

2016年，文化部印发《国家级非物质文化遗产代表性传承人抢救性记录工程操作指南》（试行本）。

2020年，文旅部将《国家级非物质文化遗产代表性传承人抢救性记录工程操作指南》，修订为《国家级非物质文化遗产代表性传承人记录工作操作指南》，更有针对性、广泛性、系统性地开展记录工作。

国家在保护孕育和发展非物质文化遗产的人文环境和自然环境上，提出实现"遗产丰富、氛围浓厚、特色鲜明、民众受益"的目标，同时，设立文化生态保护区，开展传统村落保护，对得以孕育、滋养的人文环境实行整体性保护。

政府、长乐村民们在非物质文化遗产代表性项目的传承中不遗余力，政府制定了长期保护规划，在一批有识之士的努力下，2006年长乐抬阁故事会被列入湖南省非物质文化遗产名录，2011年被列入国家级非物质文化遗产名录。陈范兴、李阳波被立为国家级非遗传承人等。

当我们面对传承二字时，玩故事其守真的本源特质、有温度的生态环境、有灵魂的精神内核都是值得深入思考和付诸行动的范畴。

第
一
节　　**守真之本源特质之承**

　　1964 年，《威尼斯宪章》提出，"将文化遗产真实地、完整地传下去是我们的责任"，奠定了原真性的意义。玩故事产生于祭祀与上元闹花灯中，古老的祭祀活动给它平添了几分神秘，闹花灯的前身又赋予了它劳动人民的质朴和生命的本真。这意味着应保护玩故事原生的、本来的、真实的历史存在，保护它所遗存的全部历史文化信息。

　　玩故事来源于长乐人，发展于长乐人，是深藏于长乐人的语言、行为、心理、生活中的一种奇妙力量。在传承非物质文化遗产代表性项目的实践中，"存其真""护其技""守其整"的要诀，蕴含着在活化新生中慎守本真的传承智慧。

一、"真实"。它是活态的、可流动可见可参与的生活

　　首先，整理和挖掘玩故事的创作来源是基础。

　　玩故事不是无源之水，无本之木。它虽然是代代口传、技艺相授的质朴而直观的全民参与的村民艺术，但其素材来源于自古到今已发生的、正发生着的各种故事情节——历代典故、传说神话、名著、戏剧、评书、流传于当地的名人或民间故事等，其造型的再创造离不开文化的深厚根基。而玩故事极适于传承与发展的一点是，它既有大量历经各朝各代老百姓"火眼金睛"筛选之后的传统的、经典的故事及其配套造型，又随时可以采撷身边好玩的、正义的、适于塑造的典型人物或事迹来进行创作，这使它更为贴近生活并拥有几近无穷的创作素材。

　　长乐抬阁故事会目前统计的古代经典故事创作素材有：

　　商：纣王进香、伯邑考抚琴、陈塘关、子牙下山、子牙拜客、三进碧游宫、太公把钓、哪吒闹海、黄飞虎反关、文王访贤、五岳归天、斩三妖等。

周：马陵道、临潼斗宝、弄玉吹箫、完璧归赵、将相和、重耳游列、子胥混关、庄子试妻、西施游湖、专诸刺僚、伯牙抚琴、屈子行吟、独醒亭、程婴救孤、火焚绵山、荆轲刺秦、苏秦背剑、张仪游说等。

秦：孟姜女、始皇称帝、指鹿为马、大泽龙蛇等。

汉：鸿门宴、乌江逼霸、霸王别姬、月下追韩信、登台拜将、高祖斩蛇、董永卖身、七仙女织绢、孟宗哭竹、王祥卧冰、上天台、斩姚期马武、班超回汉、李广征西、昭君出塞、文姬归汉、桃园结义、二十八宿下凡、刘秀走南阳、神亭酣战、马跃檀溪、徐母骂曹、风陵渡、横槊赋诗、古城相会、辕门射戟、击鼓骂曹、三顾茅庐、徐庶荐贤、凤仪亭、三英战吕布、屯土山、五关斩将、青梅煮酒、五虎将、白门楼、长坂坡、舌战群儒、群英会、蒋干盗书、灞陵桥、单刀赴会、陶恭祖三让徐州、黄鹤楼饮宴、甘露寺、七星坛祭风、草船借箭、黄盖献苦肉计、孟德献刀、华容释曹、张辽救主、王允献貂蝉、张松献图、骂王朗、夜战马超、芦花荡、献空城、收姜维、关公取长沙、取定军、挥泪斩马谡、汉阳关、戴孝伐吴、拦江夺斗、赵氏描容、朱买臣卖柴、窦禹钧五子、纪信替死、苏武牧羊、捉放曹等。

隋唐：临潼山救驾、劫皇杠、贾柳店结盟、夜打登州、十八条好汉、程咬金探地穴、麻叔谋探地穴、锁五龙、卖马当锏、太宗游地府、李淳风拜客、四平山、御果园、三鞭换两锏、敬德装疯、斩雄信、程咬金拜旗、薛仁贵回窑、丁山射雁、太白醉酒、武家坡、计取摩天岭、寒江关、抛球招亲、薛刚反唐、徐策跑城、王彦章摆渡、法场换子、大闹淮安府、重台分别、落花园、沙陀搬兵、贵妃醉酒、打金枝、三哭殿、马嵬坡、怒贬牡丹、杨广观琼花、十三棍僧救唐王、子仪庆寿、大闹天宫、桃园戏仙女、大闹兜率宫、蟠桃宴醉酒、花果山、闹龙宫、闹地府、孙猴出洞、三打白骨精、盗长生果、借芭蕉扇、真假猴王、误入盘丝洞、流沙河、收红孩儿、观音坐莲、十八罗汉斗悟空、金水桥等。

宋：三下河东、赵匡胤问前程、千里送京娘、龙虎斗、杨衮交枪、假设阴曹、金沙滩赴会、李陵碑、陈琳拷寇、狸猫换太子、包公铡美、陶三春、杨延嗣杀四门、刘金定杀四门、辕门斩子、穆桂英下山、赤桑镇、破天门阵、五鼠闹东京、十二寡妇征西、襄阳会、贺后骂殿、盗降龙木、穆桂英挂帅、令婆挂帅、四郎回营、盗令箭、八姐闯幽州、高旺背鞭、宋江杀敌、收卢俊义、野猪林、拳打镇关西、武松打虎、狮子楼、武松杀嫂、酒醉桃花宫、醉打蒋门神、百单八将、李逵杀虎、真假李逵、时迁盗甲、浔阳楼题诗、时迁偷鸡、燕青卖线、燕青打擂、大闹东京、高平关、打渔杀家、三打祝家庄、泥马渡康王、枪挑小梁王、水泛汤阴、岳母刺字、周侗传艺、岳飞收杨再兴、梦里传铜、八锤大闹朱仙镇、梁红玉击鼓、高宠挑车、花园比武、岳云解粮、大战陆文龙、三打陶三春、风波亭、胡迪骂阎等。

元：弯弓射雕、关汉卿、六月雪等。

明：刘伯温访主、访常遇春、二进宫、马芳围城、永乐观灯、闯王访谷城、闯王兵败九宫山、陈圆圆、苏三起解、三审玉堂春、王金龙探监、独占花魁、正德遇饭、郑成功、生死牌等。

清：贾元春归天、黛玉葬花、十二钗、窦尔敦盗马、黄三太闯山、虎门销烟、镇南关大捷、金田起义、垂帘听政等。

杂剧：许仙游湖、断桥会、状元拜塔、水漫金山、盗灵芝、嫦娥奔月、刘海砍樵、兰桥会、送友、访友、湘子化斋、湘子试药、湘子度妻、铁板桥、八仙过海、八仙庆寿、蔡坤山耕田、七品芝麻官、徐九经升官记、蔡玉龙打鱼、鹊桥会、天女散花、断机教子、济公戏郭真人、三捉华云龙、济公、徐瞎子闹店、杂技英豪、神舟升天、女排夺冠、打铜锣、拾玉镯、江姐、斗智、红灯记、奇袭白虎团、红梅赞、杜丽娘、杜十娘沉宝、五女拜寿等。

其次，提炼与传承玩故事的元素与特性。

玩故事的造型是"无中生有"的过程，将文字描述转化成人物造型，且动静结合——地故事、高跷故事为动态，地台故事、高彩故事为静态，以村民最容易懂的形式去呈现。其状若哑剧，又靠喧天的锣鼓声等营造气氛。提炼元素，须保持对造型的敏锐性和旺盛的创造力才能接近最真实的本源。基于传统，使其不缺乏底气；保持创造力，则使长乐抬阁故事会不囿于古事而生生不息。险中求衡、比中见和、活中凝魂、拙中孕新则是它能留存并有鲜明特色的根本。

而玩故事样式中，各类型的故事各有所长——锣鼓喧天与玩龙舞狮的暖场、地故事的逗趣、地台故事的沉稳、高彩故事的夸张、高跷故事的惊险等等，其由低到高的不同形态呈现了不同风味。（图 5-1-1、图 5-1-2）

以 2 到 12 岁的小孩为玩故事主体，同时抹古妆着古饰，稚气的小孩演绎成人各种不同的角色，戏剧性的视觉效果富于朝气又易打动人心。

各故事所匹配的制品如道具、头饰、服装、脸谱等，则为气氛的烘托起到了极大的作用。

这样的元素和特性使其在全国形形色色的非物质文化遗产代表性项目"抬阁"中依然大放光彩、独具魅力，应予以真实保留和发扬。

第三，找寻和传承长乐抬阁故事会本源的核心。

每年的玩故事是活态的展示和继承，它不是束之高阁供人瞻仰的文物，而是村民常态生活的一部分。其中核心是展示中的"比"的形式与"爱"的注入，这种独特艺

图 5-1-1 长乐故事博物馆中陈列的玩故事老照片 1　　　图 5-1-2 长乐故事博物馆中陈列的玩故事老照片 2

术饱含崇正义、尚和合的文化核心价值，使长乐抬阁故事会有旺盛的生命力。"玩中比、玩后和"这个自古以来就渗透入长乐人及长乐抬阁故事会骨子里的朴素观念与行为，使德行、知识、智慧、机智、趣味、技巧、热闹、出彩等均一应呈现。

二、"真技"。即传统的技巧、材料和技术要求、规范

传统的技巧、材料体现在对"物"的传承上，技术要求、规范体现在对"人"的锤炼上。二者互为影响。

第一，制品运用的传承。

如前所述，制品有古代服装、头饰髯须、兵器等配饰，以及抬阁等基础制品。

制品的处理首先是人性化的。

由于玩故事一次展示需两三个钟头，中途是且走且停的，因此符合人体工学，减少人的辛苦度就变得非常必要。如抬阁的设计，最开始为木制抬阁，两边各一长木棍相连，由四人以上抬着走。其后，将故事"扎"在板车上，由人推着走。现在大部分在木阁下面四角分别安装滑轮，推着走更为轻松。其他如小舞台的背景则需依据故事的情节来设置大小，既不能太繁复，又要紧扣主题；既要好看易懂，又要经济实惠。如"桃园结义"里的桃树、"许仙游湖"里的伞等均直截了当。

制品的处理还要高度吻合故事的情节及人物对应的性格特征等。

农耕社会在阶级的划分上是非常分明的，平民若穿了皇帝的服装会惹来杀身之祸。相应，玩故事服装的搭配等都赋予了等级色彩。头饰的佩戴，兵器的使用，蟒袍、靠、官衣、箭衣等各式不同服装都需各司其职。做到细节的传承，才能更为逼真表现人物的地位、教养、情绪、习惯、气质及心理状态等，经典才得以留存。在玩故事的过程中，用错了配饰很容易闹笑话变成一台"白故事"。如有次上、下市街一方"扎"了台"长坂坡救主"的故事，主角赵子龙着黑袍持宝剑髯须飘逸，另一方叫李谷常的老先生立马纠错，指出赵子龙其应身穿白靠，不应黑袍；救主时他使"霸王枪"，年迈才多了

"青钢剑"。故事创作者不服，李先生立即引经据典，背出《戏剧精要》的文字，"曹操有宝剑二口：一曰'倚天'一曰'青钢'……"让人心服口服。

第二，脸谱勾绘的传承。

玩故事中脸谱的妆容类似戏剧，其中，巴陵戏剧对其影响尤巨，体现为脸谱的程式化处理，如大三花、小三花、黑脸、红脸、白脸等。长乐苏特生先生曾创造了扎故事化装的"四部曲"：打水底——勾脸谱——描眉睫——做定妆，有一手适应玩故事人物需要的、村民们喜闻乐见的独家化装技术。玩故事的色彩倾向有相应的寓意，勾画的手法对应相应性格的人物。留存的手绘版脸谱有较高的参考价值。

第三，高技艺及其辅助工具制作与运用传承。

这主要包含两个方面的故事，一是高跷故事，二是高彩故事。

高跷故事中，高跷为木制，由于踏板极小，且人腿绑于踏板在高空行走。因此，高跷的质量与平衡的技艺极为重要。

其一，高跷材料的选用。一般用杉木制成，其质较轻，不容易变形，耐腐。同时由上至下略有变化，一般由粗平缓变细。由于人工制，一副高跷大小粗细应尽量保持一致，但仍有细微的差异，需辨左右之分。

其二，高跷小踏板的制作与选材。搁脚的小踏板应结实不能有裂缝，即使是细微的裂缝都容易因承受不住人的重量而崩坏。

其三，绑带的使用。将人的小腿束缚于高跷之上的绑带的用法一样有讲究，其绑的高度、松紧等直接影响踩高跷者的行走。绑太松容易掉，太紧则血液不通，行走不能持久。

其四，平衡的技艺。踩高跷的人需熟悉平衡的技艺，因一般要行走两三个钟头，对体力和脑力都是较大的挑战。高跷越高，挑战越大。如平地、上坡、下坡、起风时等不同的地势、环境有不同的处理，每一个微妙的环境变化都有可能影响行者的发挥。

高彩故事中，前期需耗费大量的人力物力，光靠一个人是难以完成的。其核心点是骨架的打造和修饰。其人物支撑物原为铁铸，因时代的进步 60 年代后多用圆钢。因

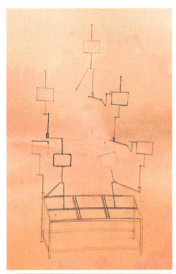

左上 / 图 5-1-3 高彩故事包拯出巡手绘草图
左下 / 图 5-1-4 包拯出巡骨架定位图
右 / 图 5-1-5 高彩故事包拯出巡展示效果

承重问题，"悬空"的小孩一般年龄为2岁以下，不宜过重。高彩故事的人物扮演有"一上一下""一下两上"或"一下多上""满树繁花"等多种组合。如陈意清先生创作"包拯出巡"时，其过程如下：（图5-1-3至图5-1-5）

其一，读故事定人物。

对"包拯出巡"的片段进行研读，确定以包拯为主角的七个人物。

其二，定层次定动作。

依角色的主次定位设想好七个人物在空中的各自的位置，主角包拯居正中最上面，随从展昭等六配角居其下，分为上、中、下三个层次。

其三，融力学搭骨架。

这是最难也是最关键的制作工艺。由人物位置根据力学原理设计骨架，精密计算，以圆钢为材料，定好骨架的粗细、倾斜度、主干分支等。这一步是保证孩子安全的前提。承重不够，容易发生安全事故。做好后，陈意清先生对每个小孩的位置都会亲自去试，有不满意处再行改良。

其四，定服饰配制品。

依据人物角色选相关的妆容、古代服装、头饰、髯须、道具等。其选择须吻合各自身份。

其五，扎故事呈效果。

玩故事当天凌晨，表演的孩子们被一一化好装，穿衣戴帽或站或坐于空中各自位置。这一步关键点是应巧妙利用服饰和道具来掩饰骨架的痕迹，外表不能看到圆钢，且孩子姿势要自然。于斯，就可以推入玩故事的大队伍了。

第四，"扎故事"的方法与流程传承。

"扎故事"有一整套的流程，需村民们分工合作。材料的运用与规范，技艺的呈现这时都得到最大的释放。逢年过节要玩故事了，整个镇上开始氤氲着热腾腾的玩的气息，各家各户开始蠢蠢欲动起来——

1. 筹划。上、下市街故事会分别统筹，确定春节到元宵玩故事的时间（一般元宵节为玩故事最隆重最热闹的一天）。之后，商讨和指定各自分工、各家玩故事的主题，确定再现经典还是设计新故事，确定玩故事的先后顺序等。

2. 准备。经典故事的行头如抬阁、圆钢骨架、服饰、道具等都是现成的，只需准备人就好。但若有创作新故事的，则需要准备一段不短的时间。从构思到设计到汇聚木工、铁匠、焊工等做道具到人物处理，莫不费尽心机。如"花果山"，上面共有"猴子猴孙"19个，搁置一棵真的大树是无法实现承重的，只能用圆钢作为枝干，再行缠绕花枝，"枝"的焊接、长短、分布等在首先考虑孩子的安全性后反复推敲。

3. 调度与化装。玩故事当天，凌晨四五点钟，上、下市街故事会场地的灯亮了起来，玩故事的主角和其家人便都汇聚了过来，调度、化装、服装分配、道具分配等都有专人各司其职。

4. 配饰。妆毕，各家便需给孩子穿衣戴帽了。这时需分外细心，古代服饰比现代服饰复杂，同时高彩故事均需靠服装来掩饰抬阁与悬空小孩连接的痕迹，还要考虑到孩子两三个钟头展示过程的舒适度，由此达到视觉上的完美。

5. 排序。按照会标、威风锣鼓、礼仪、龙凤或狮、地故事、地台故事、高彩故事、高跷故事顺序排好，内容多者延至几里。至吉时，每台故事已安排在预设好的自己的位置，一声号令，会标被二人抬起，锣开，鼓起，喧哗中玩故事开始，队伍即缓缓前行了。

三、"完整"。即有一套完整全面的体系

本源特质的传承一如接力一整套会呼吸的活体宝藏。这个宝藏的构架是一个不断完善的过程。从每台"故事"的源起、设计、再现，到每一"故事"类型的特性，到每次全部"故事"整体的安排，到众多工匠的制作参与，到每个孩子所依托的家庭的投入，到故事会的组织，到全镇的协调，到资料的留存……就像一个有条不紊的大型"机器"的高效运转，每一个"螺丝"都能无缝吻合对接，只是这"机器"非冷冰冰的，而是因其活态因其流动性因其各朝各代的延续性饱含了生活的热度。

承暖之生态环境之承

生态兴则文明兴，生态衰则文明衰。每个时代都孕育着特有的美学诉求，涌动着专属的精神脉络，酝酿着接纳新兴艺术形态的文化胸怀。扎根乡野的玩故事民俗，本就是活态生长的文化绿洲。若这项民俗艺术仅沦为节令活动中的程式化展演，而非全镇老小倾注滚烫的情怀，便如同失了魂的提线木偶。而今，长乐抬阁故事会的文化影响力早已跨越地域界限，如春潮般席卷大江南北，演变为当代民间艺术领域令人瞩目的文化奇观，似乎长乐每寸土地都在跳动着独一无二的生命韵律。而玩故事的本体、玩故事的传承人、玩故事的文化生态环境、玩故事的自然生态环境是一个难以分割的整体。也许，是因为"故事"从长乐远古的青石缝里长出来，自然要保持它依托地域的生态环境的风貌，促使非物质文化遗产代表性项目"自我造血"，才有持久发展的可能。

一、还原绿色低碳的自然生态环境

绿水青山蓝天白云，简单的字里是人对于自然环境的美好向往。舒适的绿色生态空间是玩故事最美最和谐的背景。

20世纪80年代，汨罗江是清澈的，镇子上有二十余口清水池塘，每到芙蓉花开，倒影随着光线的变幻分外妖娆。一到傍晚池塘边便有三三两两的妇女提了木桶过来洗衣服，此起彼伏的捶衣服的声音和着嬉笑和着戏水小孩的喧闹让一半搭岸边一半伸进水里的青石板汇集了太多湿漉漉清亮亮的人气。

20世纪末，池塘90%以上已被填满，取而代之的是挤挤挨挨的新房子。长乐镇子里的房子越来越密集，钢筋水泥触目可见，一如我们国土上的很多乡镇，旧的不分好坏美丑全给推倒重建了。汨罗江上淘金船无节制开采……人们的腰包鼓了，让人安宁的绿色却少了，镇中心能透气的呼吸空间少了，能让人看一眼再看第二眼的韵味少了。

21世纪以来，政府与村民的双向奔赴终使这座古镇焕发新生机。斑驳的古街重现昔日风貌，汨罗江畔生态景观带蜿蜒伸展，为古镇平添一抹灵动的韵律。尽管往昔的池塘难以重现碧波，当代的新居亦不可推倒重来，但我们能以清醒的头脑为罗盘，以可持续发展的理念为蓝图，让温润的青石板路重新诉说岁月，让绵延的青葱晕染每个街角，让绿水青山的生态画卷在此徐徐舒展——这才是古镇应有的生命律动。

二、营造值得回味的人文生态环境

优质的人文生态环境可以造就一个地域的气质和灵魂。当玩故事在长乐重新焕发生机，在当代生活中得到延续和发展时，其非物质文化遗产代表性项目的保护传承也当成为社会自觉。

第一，保持"有故事"的古镇韵味。

当我们提及"诗和远方"的时候，意味着那必定是一个令人向往的适宜文化栖居的地方。

玩故事的人文生态环境离不开长乐古镇曾有绵长而清雅的韵味。

一进长乐镇，应让人有"故事"之感，整体的氛围让人不看"故事"之前就已经能碰触到"玩故事"的精神天地。

长乐古镇昔日的十门八街五巷承载着天人合一的营城智慧，这份凝固在街巷间的气势亟待赓续，或可用细腻笔触勾勒街巷脉络：青石铺就的阡陌巷道间，可引入生态透水铺装技术；雕花窗棂外，可泼墨挥毫宜居宜游的立体绿化系统；新城建设可借鉴古村活态保护范式，以承载地域文脉的经典房型，让乡愁记忆在砖木结构中永续绵延……就像任何一个地方的公用洗手间能折射其文明程度一样，生态文化魅力当如毛细血管般渗透于飞檐翘角、石阶苔痕之间。冯骥才曾说："有了几条老街，便会有一种自我的历史之厚重、经验之独有以及一种丰富感和深切的乡恋。它是个实实在在的

图 5-2-1 上市街故事会

巨大的历史存在，既是珍贵的物质存在，更是无以替代的精神情感的存在，这便是老街的意义"。[7]让长乐重新变成一个让人回味的集镇，才可以经得起时间的检验。

当下，长乐镇正在逐步恢复古色古香、山清水秀、景色宜人的空间结构形态。606米麻石街保留完好，其沿街建筑也得以修复，并注入了古韵，长乐老街历史的见证——回龙门及其面临汨罗江的码头恢复了其原有面目。长乐的"韵"正一点一点复苏。然而，古镇修复也如行走文化钢丝，稍有不慎容易陷入同质化开发的误区，使千年风华沦为泯然众镇的仿古赝品。唯有让自然生态与历史文脉骨血相融，令长乐镇坚守其独特的文化基因，方能在时光长河中淬炼出浸润乡愁记忆的温度，酿造出流淌着人文底蕴的醇香。

第二，留存和体验玩故事的清晰脉络。

非物质文化遗产代表性项目发展总有其独特的记忆，玩故事也不例外。而民俗博物馆就像承载这个记忆的文化名片。在建档和保存上，长乐人逐渐有了自主意识。长乐民间在骨子里对文化有无上的推崇，习惯自筹资金进行相应的文化建设。如同自筹资金建庙宇和篮球场等一样，长乐镇上、下市街人分别自筹资金建立了"长乐故事博物馆""长乐故事民俗馆"。（图5-2-1至图5-2-4）对玩故事的谱系、来源、发展、古代各类服装、配饰、道具等进行了较为系统的分类、编目、归档，建立了档案和数据库，尤其是对老物件进行了较详细的清理。（图5-2-5至图5-2-9）虽然规模不太大，细节还嫌粗糙，历史记忆和文化积淀也略欠，但已有了对这门艺术的保护意识。

当留存物件系统化后，数字时代的浪潮为长乐抬阁故事会传承开辟了多维探索空间：建立完整的档案资料的同时，可建立相应的文字和电子文本资料、专门网站；灵活运用声、光、电等媒介，构建全息影像数据库，实现非遗的虚实共生；探索AI智能生成系统对传统美学的创新演绎；依托集体记忆基因图谱，构建贯穿采集、活化、传播一体的数字生态链等，以进一步开发玩故事的"动感地带"。

第三，传承和延续玩故事"活"的生态文化。

玩故事是在长乐民间自生自发形成的，是在不断"试错"甚至出"白故事"的基础上形成的，是长乐村民们集体实践经验和智慧的结果。其最大的特点是依托于人的

上／图 5-2-2 下市街长乐故事民俗馆
下左／图 5-2-3 上市街长乐故事博物馆
下右／图 5-2-4 长乐故事博物馆馆内

本身而存在，以人自身形象和高超技艺为表现手段，以身、口相传作为文化链而得以延续，"活"的文化是传统文化中最脆弱的部分，也是人文生态环境打造中的重要一环。

"文化大革命"期间，长乐抬阁故事会被列入"破四旧"的范畴。1985 年，在陈范兴等的争取下，恢复长乐抬阁故事会。1989 年，长乐抬阁故事会在湖南电视台"庆祝中华人民共和国成立四十周年特别节目——古镇狂欢"中一展风姿 18 分钟，从此频频受到各级媒体的关注，绽放出新的生机。2004 年，长乐镇政府组织和成立了"长乐镇民间文化遗产保护工程指导小组"，专门指导长乐抬阁故事会的传承和发展。（图 5-2-10 至图 5-2-12）

长乐率先发起跨区域文化协作，于 2017 年 2 月与郴州宜章、涟源珠梅、益阳马迹塘、永州黄阳司等"五地"成立湖南抬阁故事联盟，实现优质文化资源的共建共享，开全国同类型非物质文化遗产成立联盟组织之先河。同时，依托其打造的湖南抬阁故事文化节，以长乐抬阁故事会为核心纽带，汇聚郴州宜章夜故事、涟源珠梅抬故事、益阳桃江马迹塘扎故事、永州黄阳司扎故事，联袂构筑起湘楚非遗的立体画卷，打造了一台湖南抬阁文化盛宴。

长乐镇有一批极度热爱家乡热爱故事的传承人，如陈范兴、李阳波、薛松林、陈意清、向万军、周怡茂、苏特生等，他们熟知该民俗艺术的各项内容、表现手法和制作技艺，是不折不扣的行家里手。

长乐开设了"长乐抬阁故事传习所"，并不定期向学生开放，不定期开办培训班，培训年轻的玩故事传承人才。国家、省、市级非物质文化遗产代表性项目传承人及一批熟知长乐抬阁故事的热心人，亲自讲授并示范相关的专门知识与专业技能，培训故事编导、抬阁制作、脸谱绘画、道具保管和踩高跷等各类技艺，参加培训人员逾万人次。

长乐镇以湖南民族职业学院、长乐中学、长乐小学为试点，率先拉开非物质文化遗产传承的校园实践序幕。老师们解锁了"玩故事"的寓教于乐内核，通过趣味化课程设计和场景化实践平台，实现校园知识传授与社会技艺磨砺的有机融合。随着非遗成果展示平台的拓展，少年传承者们以日渐纯熟的技艺在各类展演中崭露头角，其灵

左上 / 图 5-2-5 长乐故事博物馆留存的老服装
左中 / 图 5-2-6 玩故事老物件，服饰与头盔
左下 / 图 5-2-7 长乐故事民俗馆留存，明崇祯年间的绣花马褂
右上 / 图 5-2-8 玩故事老物件，头盔
右下 / 图 5-2-9 20 世纪 40 年代的抬阁与威风锣鼓

左上 / 图 5-2-10 1989 年古镇狂欢
右上 / 图 5-2-12 2007 年湖南经视《越策越开心》录制现场
下 / 图 5-2-11 汨罗江国际龙舟节表演玩故事

动传神的表演赢得社会各界的广泛赞誉。

玩故事的文化吸引力使其进校园的内容多彩多姿，如以高跷故事为主的技能体验与课程实践，以玩故事渊源及发展概况、每台故事造型所传达的故事情境为主的普适性人文素质讲座与竞赛，以地故事为主的"爱表演"第二课堂，以地台与高彩故事为主的美术制作与展示等。少年儿童是传承的主力军，非物质文化遗产代表性项目与教学相结合，可使之既享受艺术，更愉悦精神、净化思想。

人类文明传承的密码，深藏于群体共同践行的生存智慧之中。当我们以敬畏之心改善玩故事非遗项目的存续环境，培育其赖以生长的文化土壤；当我们以创新思维系统挖掘、科学整理、创造性转化这些文化基因，将其融入现代生活的肌理之中，古老技艺才能真正迸发活态传承的生命力。

第三节 凝魂之精神内核之承

　　玩故事特有的精神价值、思维方式、想象力和文化意识，是维护长乐抬阁故事会文化身份的基本依据。

　　遗产，这个词的释义离不开下面一些字眼：安静，古旧，缓慢，价值……

　　物质文化遗产离不开一些实物依托，诸如祠堂、桥、梁、庙、宇等，我们可以触碰它，可以感知它，可以用厚实、粗糙、秀丽等各种实在的词语来形容它，它让我们的感觉变得更丰富。

　　非物质文化遗产更重要的却是通过人的行为方式来体现，它是活态的、流动的，它让我们的精神更充盈。精神，是撑起非物质文化遗产不遗落、不丢失的有力支柱。我们要传承遗产，最终目的是传承我们民族独特的精神与文化。"只有对世间生活怀有热情和肯定，并希望这种生活继续延续和保存，才可能使其艺术对现实的一切怀有极大兴趣去描绘、去欣赏、去表现，使它们一无遗漏地、全面地、丰满地展示出来。"[8]

　　玩故事所牵引的民风、民情，是长乐人千百年来历练出来的一种孕育着灵魂的文明。没有了精神价值，玩故事便失去了存在的意义，更失去了传承的意义。

　　"比"，是玩故事最直接的最值得传承的精气神。

　　它是积极的，一如奥林匹克宣扬的体育精神。

　　这种精神状态让人即使在剧烈的动荡环境下也能保持自身的特质。对人，有关爱的胸怀，有与生俱来的、不带任何世俗偏见的、公平竞争的意识，并带着长乐式的敏锐与幽默。（图5-3-1）对己，有胆识，不服输，不畏惧，自得其乐。个人与他人、个人与群体、群体与群体间的关系因这种情感会更为润滑。在诚信、友善等有所缺失的当下，这样的情感弥足珍贵，并值得弘扬。这种大集体和而不同、一起前行的语境，使这个地域整体的德行、智慧、体能等得以不断延展，更成为历史进程、文化因循中

图 5-3-1 长乐人的敏锐：电影《哪吒之魔童降世》中哪吒的形象出现于 2024 年的"故事"中

主动积极的主体，不断构建和超越自身。

故事里，各台故事以小孩演绎故事的形象张扬着幽默感，张扬着村民们智慧的"嬉笑怒骂"，张扬着率性，张扬着朴实而亲密的关系。（图5-3-2）

故事外，在汨罗江之畔，无数长乐儿女正以文化自觉守护着这簇文明火种。

国家级非物质文化遗产长乐抬阁故事会代表性传承人陈范兴先生，2025年将届76岁高龄，在古稀之年仍以矍铄之姿奔走于文化传承前线。"文革"间，长乐抬阁故事会被当做"四旧"禁演，时任生产队长的陈先生冒着风险在乡亲们眼皮底下搞"地下工作"。1984年置办8桌家宴，将散落城乡的老艺人等召集至家中，四载寒暑，终于在1988年儿童节让沉寂十余载的民间艺术重绽华彩。某次，偶在电视里看到摩天轮，他顿生灵感，每天晨起七时离家，暮色深沉方归，与木作、扎梯、焊艺、髹漆等匠师反复推敲，终将8人高彩故事"八仙过海"升华为12人凌空献艺的"空中飞人"。而今更以银发弄潮之态入驻短视频平台，携手省级卫视打造文化潮牌，化身新媒体时代的"故事倌"，在新媒体江湖当起了最酷的"故事主播"。（图5-3-3）

同为国家级非物质文化遗产长乐抬阁故事会代表性传承人李阳波先生，1947年出生，年近八旬仍孜孜不倦躬耕于民俗传承。他毕生心血倾注于故事会复兴事业，多方

图5-3-2 小朋友的各种趣表情

奔走募集资金 110 余万元建成全国首座"长乐故事民俗馆",更倾囊相授举办十余期非遗技艺传习班,培养出两百余名新生代传承者。与传承人陈范兴携手并肩,共同守护着千年民俗的文化基因。在其引领下,这项承载楚湘记忆的非遗瑰宝相继亮相北京延庆端午文化节、乌镇戏剧节古镇嘉年华等世界级非遗盛会,更登上央视"中国年"特别节目等,让千年民俗焕发时代华彩。(图 5-3-4)

年逾八旬鹤发童颜的民俗老艺人薛松林先生,被誉为长乐镇"行走的民俗百科全书"。三十余载勘误不少的"白故事",尤擅格律诗词创作,即兴编创山歌词曲信手拈来。岁末寒冬常在回龙门设案台,为四方乡邻义务书写春联。逢汨罗举办"香草美人地,诗韵汨罗江"文化盛典,必邀其主吟诵,楚调余音绕梁不绝。(图 5-3-5)

长乐籍余思慧,2023 年被湖南省文化和旅游厅、省文化馆特聘担任学术专员,全程指导、实施由文化和旅游部非遗司立项的国家级非物质文化遗产长乐抬阁故事会代表性传承人记录工程。该项目由湖南向美影视有限公司专业团队全程摄制,通过系统性文献采集与数字化影像记录,全方位构建非遗传承人的立体化资料体系,为这项千年民俗的"活态"传承留存下具有学术价值的动态档案。(图 5-3-6)

图 5-3-3 陈范兴给小演员化妆　　　　图 5-3-4 李阳波在长乐故事民俗馆

图 5-3-5 春节，薛松林在回龙门义务写对联

图 5-3-6 余思慧访谈国家级非物质文化遗产代表性传承人

长乐镇的"高跷王子"郑大军，2024 年受邀参演舞蹈艺术家杨丽萍在河南春晚上推出的舞蹈《龙舞》，踩着 5 米高跷化身"龙神"，与杨丽萍共同演绎了中国龙的神韵与力量，首次将传统高跷艺术与现代舞蹈深度融合。他们以舞蹈为语言，诠释了传统与现代、个体与集体、技艺与精神的多元共生。其合作是乡土智慧与顶级艺术家的碰撞，也是非遗文化从地方性民俗升华为国家文化符号的典型案例，为非遗传承提供了"破圈"范本。（图 5-3-7）

　　这种精神状态延伸到长乐许多的生活小细节当中，玩故事也衍生了不少有意思的小风俗。

　　长乐镇的甜酒和安防产业远近闻名，更以敢闯敢拼的精神孕育传奇——揣着筹措来的一两千元启动资金外出闯荡，最终绽放风采的大有人在。当财富渐丰，长乐人既有及时行乐的智慧：翻新独栋宅院，添置锃亮新车，甚至请专业设计师量身打造；更

图 5-3-7 郑大军在舞蹈《龙舞》中的剧照

藏着深远的治家之道：鲜见攀比斗富之风，较量的是书香传家的底蕴。家家户户倾尽心力铺就子女求学之路，若有哪户人家兄弟姊妹都从容叩开大学之门的，定会成为街头巷尾热议的佳话。

哪家小孩长"天花泡"（类似水痘）了，大人会到邻家邻户去讨点米来，凑满一百家，每户只要一小把就行，然后找个敞一点的地，用大锅熬成"百家粥"，备了香火、水果等先敬了天地，将表层起着泡泡的米浆舀了涂在生病的小孩皮肤上，粥又分给大家，希望托了神和每家每户的恩泽让小孩快点好。而邻里则会想方设法地帮忙捡柴烧火熬粥分粥，出一份自己的气力。这种敬畏集体力量又有本能关爱的朴实风俗同样是自长乐人心里自然流淌出来的文明和浓浓的人情味。

又譬如，镇上居民但凡摆红、白酒宴之时都是以八个菜品为主，叫作"八道"。镇上人去赴酒宴不叫吃酒，叫作去"吃八道"，八道菜为：第一道油坨，第二道扣精大片瘦肉1，第三道菜为云耳，第四道扣精大片瘦肉2，第五道菜肉沫粉丝（类似蚂蚁上树），第六道虎皮扣肉（下面扣排骨），第七道菜为笋子，第八道菜虎皮扣肉（下面扣酸菜）。长乐人自古以来有打包的习惯，而且也有讲究。镇上有村民们自己斥资筹建的公堂，办酒宴不在自家，也不在餐馆，都设于公堂。酒宴开始时，赴宴的人从第一道菜开始就边吃边用筷子夹着往桌角放（桌子是八仙桌，一桌坐八人），慢慢的，各位客人桌边上的菜堆起像小山一样的小包，主人家事先会给每个人发一张草纸或袋子，给客人打包回去。所以，长乐人吃酒席是绝无浪费的，往桌角夹的时候也坦然得很。很多人喜欢吃八道，因为打包回去后再加工，味道特别好，尤其是扣肉，那是特意留给人打包的一道大菜，回家后佐以梅菜、豆豉之类，好吃得很，那是在家里单独做做不出来的。另外还有两道菜蒸鲢鱼、时令青菜不是下酒菜，也不好打包回去，因而不计入八道之列。这种习惯在旧时普遍家贫时更有集体性的互惠互利在里面却又不失个人的尊严，实在且充满了浓浓的人情味。

玩故事其精神情感的根上之所以能枝繁叶茂，得益于它直接和自发地表现了生命的本质，所含的乡土情感、亲和力使它有了生生不息的活力。

就像在很长时间的农耕社会里，天是蓝的，四季是分明的，冬是凉的，夏是暖的，秋天是落叶的，热气是可以用蒲扇驱走的，"年"是热辣辣的，节奏是慢慢的，走亲访友的人情味是浓浓的，一点鸡毛蒜皮不需要网络也可以很快传遍镇子……这样子孕出来的人之间的亲近和谐是中国人最美好的向往。

玩故事曾在这样的"情"里生成、长大、繁华，这样的情让它曾有极大的气场。近年，良好的环境下，"玩故事"正茁壮成长着，让人心生暖意。

任何一种艺术的诞生，都非凭空破土而出的新芽，必深扎于文化沃土，汲取历代艺术精粹。当我们凝视"玩故事"，"传承"二字重若千钧。它既不是简单的复制和粘贴，亦非对传统文化的机械临摹，而是在持续的解构与重构中，淬炼出符合时代脉搏的文化创新本质。这种精神传承如星河浩瀚：

——把握玩故事如青铜器般浑厚的美学气韵。其上扬的内在精神既凝聚着小镇人紧紧抱团的精神磁场，又铸就了长乐人开山辟海的胆魄。"故事"巍峨如泰山的雄浑气度与流水行云般的叙事韵律浑然天成，这种美学品格自会穿透时空辐射四方。

——承续屈子"路漫漫其修远兮"的求索基因和范公"先天下之忧而忧"的担当脊梁。

——参悟玩故事如甲骨文般原生的艺术密码。这是根植于血脉的文明胎记，非钢筋铁骨的现代技法所能重构。

——激活玩故事如春江戏鸭的鲜活灵气。它将人间烟火的诗意，凝成会行走的艺术品，每道波纹都散发着温热的气息。

——守护玩故事如燧石迸星般的创造魔力。正是它迸发的创新火种，让古老故事传说像常青藤般鲜翠欲滴。

——延续玩故事如纳百川的大海胸襟。在文明长河里兼收并蓄他族他人文化，将有容乃大的释义发挥得淋漓尽致。

当我们真正体会和吸收了玩故事原动力——内核和气质，才有助于去掉浮华，并通过全新的挖掘、归纳、整合后成为一种新的精神资源，使其艺术保持长久生命力。

唯有真正内化玩故事的精神基因，方能褪去浮华表象，在当代语境中开掘出汩汩不息的艺术泉眼，让传统叙事焕发永恒的生命光辉。

正因如此，唯有人人葆有文化传承的自觉意识，怀揣守护文脉的使命感，恪守"玩故事"独树一帜的文化品格与精神气质，其承载的思想精髓与价值体系方能获得广泛认同，文化命脉方能永续绵延，并孕育出源源不断的内生发展动力。如习近平指出："这些最基本的文化基因，是中华民族和中国人民在修齐治平、尊时守位、知常达变、开物成务、建功立业过程中逐渐形成的有别于其他民族的独特标识。"[9]

当我们好奇地一页一页掀着玩故事这本书时，也是在读长乐的土地，读长乐的文化，读长乐的风俗民情，更是在读长乐人的生存史、精神史。"玩故事"以其原始生态的味道和神奇灵动的本性散发着民间的温热，人心的温暖，浓缩着历史的记忆、质朴的民族信仰，解密着"人"的密码，并自然而然流淌进中国文化的浓稠的血脉。

一个民族失去了自己的文化，就失去了精神和灵魂。"玩故事"也如此。我们传承"玩故事"，也传承着人类文化成就中一个真实的精神承载。只有保持它的文化个性，在多样性的人类文化间保留自身的位置，自觉对抗同化，并对其他形成影响，才可以既与现代性、国际性共生，也成就人类文化多样性和相异性，如同其他具有非物质文化资源价值的文化传统一样，扎深走向现代和未来的文化之根。

窥一斑而知全豹，以下长乐抬阁故事会所获部分奖项及活动及长乐镇先后被授予的称号，可以看出长乐人为打造人文生态环境而做出的努力和影响。

长乐抬阁故事会所获部分奖项及参与的活动——

1985 年，应邀参加第一届国际龙舟节表演。

1989 年，湖南电视台庆祝新中国成立四十周年特别节目专题片《古镇狂欢》。

1999 年，参加湖南电视台《快乐大本营》节目（故事会里故事多）。

2004 年，应邀参加湖南岳阳民间文化艺术节。

2005 年，应邀参加"汨罗江国际龙舟节"表演。

2005 年，参加中央电视台《我们的节日》节目。

2006 年，参加全国龙舟活动月启动仪式开幕式表演。

2006年，参加中国（江门）侨乡华人嘉年华活动获"最佳表演奖"。

2006年，参加湖南卫视"国球大典"乒乓球嘉年华活动。

2006年，参加湖南省首届非物质文化遗产宣传日活动。

2007年，参加岳阳市委宣传部、岳阳市文化局"社区乐万家"广场舞蹈邀请赛，获"特别风采奖"。

2007年，被湖南省人民政府授予"湖南省非物质文化遗产保护项目"（首批，项目名称：汨罗长乐故事会）。

2007年，参加湖南卫视"元宵喜乐会"活动。

2008年，作品《大战陆文龙》获第七届中国民间艺术节暨"山花奖"中国民间飘色（抬阁）艺术展演银奖、优秀组织奖。

2008年，作品《大战陆文龙》入围第九届中国民间文艺"山花奖""民间艺术表演奖"。

2009年，获"湖南省首届南北风格九洲大庙会最佳表演奖"。

2010年，获"第二届岳阳市文学艺术奖"。

2011年，国务院公布，文化部颁发，为"国家级非物质文化遗产"。

2011年，在"湖南省首届非物质文化遗产宣传评选"活动中，获"湖南省十大最具魅力的非物质文化遗产项目"。

2012年，参加湖南省岳阳农博会。

2012年，被评为"湖南省十大最具魅力的非物质文化遗产项目"。

2014年，参加"第二届乌镇国际戏剧节古镇嘉年华"活动。

2015年，参加第七届北京端午节暨北京市第二届"非物质文化遗产代表性项目大观园"端午游乐会活动。

2015年，作品《万人闹元宵》获"第五届湖南艺术节"项目类"三湘群星奖"。

2017年，湖南抬阁故事联盟暨湖南省首届抬阁故事文化节在长乐镇举办。岳阳长乐、永州黄阳司、郴州宜章、娄底涟源、益阳桃江五地故事汇聚。

2018年，"湖南省第二届抬阁故事文化节暨汨罗长乐第六届民间文化艺术节"在长乐镇举办。

2019年，被中华人民共和国文化和旅游部非遗司评为"国家级非物质文化遗产代表性项目优秀保护实践案例"。同时，中央电视台、湖南卫视、湖南经视、《人民日报》、《湖南日报》、《三湘都市报》等多家媒体对其进行了多次报道和介绍。

2024年，高跷艺人郑大军参与舞蹈家杨丽萍的生肖艺术片《龙舞》，脚踩5米高跷扮演"龙神"，亮相河南春晚。

长乐镇所获部分荣誉——

1994年，被中共湖南省委、湖南省人民政府授予"湖南省百强镇"。

1995年，被湖南省文化厅授予"群众文化艺术之乡"。

1998年，被湖南省科学技术委员会授予"湖南省优秀星火科技示范乡镇"。

1999年，被中央精神文明建设指导委员会授予"全国创建文明村镇工作先进单位"。

2004年，被国务院六部委定为"全国重点中心镇"。

2008、2011、2014年，连续被中华人民共和国文化部授予"中国民间文化艺术之乡"。

2008年，被湖南省诗词协会授予"湖南省诗词之乡"。

2009年，被湖南省建设厅、湖南省旅游局授予"省级旅游名镇"。

2010年，被湖南省人民政府授予"湖南省历史文化名镇"。

2011年，被湖南省委农村工作室、湖南省政府农村工作办公室、湖南省农业厅、湖南省体育局、湖南省农民体育协会授予"湖南省农村体育工作先进乡镇"。

2014年，被国家住建部授予"全国重点镇"。

2015年，被中国科协、财政部授予"全国科普惠农兴村先进单位"。

2016年，被湖南省旅游局、湖南省文化产业改革发展办公室授予"湖湘风情文化旅游小镇"。

2017年，被中国楹联学会授予"中国楹联文化之乡"。

2017年，被湖南省文化厅授予"湖南省经典文化村镇"。

2017年，被湖南省爱卫办授予"湖南省卫生乡镇"。

2018年，被湖南省文化厅授予"湖南民间文化艺术之乡"。

2019年，被中华诗词学会授予"中华诗词之乡"。

2019年，被湖南省农业农村厅授予"湖南省级农业产业强镇"。

2019年，被湖南省发展与改革委员会授予"湖南省特色产业小镇甜酒小镇"。

2019年，被中共岳阳市委、岳阳市人民政府授予"甜酒小镇"。

2019年，被湖南省气象局、湖南省农业农村厅授予"湖南省标准化气象灾害防御乡镇"。

2019年，被湖南省老科学技术工作者协会授予"湖南省创建百岁健康省示范单位"。

2019年，被岳阳市文旅广电局授予"2019—2020年度乡味长廊"。

2020年，被岳阳市文旅广电局授予"国家AAA级旅游景区"。

2020年，被岳阳市教育体育局授予"岳阳市首批中小学生研学实践教育基地"。

2021年，获评"湖南省2020届文明村镇"。

2023年，被农业农村部办公厅、财政部办公厅授予"首批国家农业产业强镇"。

2024年，被湖南省文化和旅游厅授予"湖南省非遗村镇示范点"。

注释

[1] 中国非物质文化遗产网·中国非物质文化遗产数字博物馆（www.ihchina.cn）

[2] 朱光潜：《西方美学史》，人民文学出版社，2008，第 73 页。

[3] 彭吉象：《艺术学概论》，北京大学出版社，2009，第 37 页。

[4] [德] 雅斯贝尔斯：《存在与超越——雅斯贝尔斯文集》，生活·读书·新知三联书店，1988，第 44 页。

[5] [法] 古斯塔夫·勒庞：《乌合之众》，中国友谊出版公司，2019，第 147 页。

[6] [法] 古斯塔夫·勒庞：《乌合之众》，中国友谊出版公司，2019，第 25 页。

[7] 冯骥才：《灵魂不能下跪——冯骥才文化遗产思想学术论集》，宁夏人民出版社，2007，第 316 页。

[8] 李泽厚：《美的历程》，生活·读书·新知三联书店，2017，第 72 页。

[9] 习近平：《在纪念孔子诞辰 2565 周年国际学术研讨会暨国际儒学联合会第五届会员大会开幕会上的讲话》，2014 年 9 月

后记

前面有一束光

余思慧

一个人长大后的样子，或多或少是童年许多个瞬间堆积而成的。于我，玩故事就像哈利·波特的魔法棒，总能开启童年的记忆。虽然官方称之为"长乐抬阁故事会"，我还是觉得远没有"玩故事"来得亲切。被大人涂红抹绿地扎于某个"故事"的小骄傲，溜在墙角踩了1米多的高跷偷偷练的慌张，年少时看大人通宵喧哗着投入策"故事"扎"故事"的兴奋……想起，是满满的快乐和充盈。

长大了，才恍悟，从小一直浸润着日常生活的，原来是最值得珍惜的生动的瑰宝。那么，作为家乡一枚忠实的粉丝，我是不是该做点什么？

2012 年出版《游走在空中的艺术》时，还是凭着一股不服气的劲儿写的，蔡世平先生一句"你们这么宝贵的东西竟然没人去整理"激起了作为一个土生土长的长乐人的斗志，也懵懂地开始思考，国家非物质文化遗产的传承不是一句口号，作为长乐人，不应该出点绵薄之力吗？守护精神家园的念想开始逐渐生根发芽。

时间一点一点过去，触角能更深一点的欲望越来越强烈。这是一个让人有点眼花缭乱的时代，"文化"这个字眼无处不在，艺术被迅速普及到生活的各个层面，同时又充满了喧哗与躁动。而我，坚信师傅原来说的一句话：艺术，仍然只是一种诚实的劳动。小时候，家里打水井，父亲会跟我们说，井打得深，水才会净、会甜。当执着于家乡这片沃土，总觉得原来的文字有或这或那的欠缺，于是，便有了这本书的筹划，想着将"玩故事"这口井打得更深一点。中途也会有石头之阻，会有土质的影响，会有自己窥不到的视域，但仍一点一点试着往前行，努力从艺术的角度去探寻"水的甘甜"。

很喜欢"玩"这个字，看起来有点吊儿郎当，总让人觉得不够正式不够严谨，但其实蕴含了神奇的力量。无论是对艺术，还是对"家"的注目，总觉得，只要玩到极致，定会触及灵魂。

也许因自己所学专业是美术领域，总会想想画与文的各自奇妙。但某天突然觉得，它们的最大共同点，应该都是窥见和表达内心世界的极好媒介。执画笔时，总是会有意无意审视自己的艺术语言、艺术视角、艺术思维是否指向"独特"这个美丽的字眼，向往着云蒸霞蔚、气象万千。而书文字，纯属个人爱好兴之所至，如莽汉毫无章法，唯愿此书比上本略微成熟一点。应该说，一直怀着敬畏之心在努力。

时隔几年，当看到越来越多的人熟知长乐抬阁故事会时，心里是开心的。这里有一众让人深为感动的人、事：政府一直关注、鼓励、支持，让我不敢在时间上有丝毫松懈，并由此度过了不少紧张而充实的难眠之夜；蔡世平先生认真撰写代序，并对文字提出了修改建议；我尊敬的伯伯、国家级非遗传承人陈范兴先生，多次提供宝贵资料，对长乐故事博物馆各物件如数家珍；国家级非遗传承人李阳波先生在长时间访谈中不厌其烦；因图片不满意在朋友圈求支援，凌红权先生当时作为镇政府一把手，一句"责无旁贷"，立即安排资料的收集；陈意清先生深谈他对"故事"的理解、设计与投入；姜宗福先生指点高跷的来历；周栗先生、徐亚平先生、李雄剑先生等热心推荐和寻求相关资料；湖南向美影视有限公司、长乐故事博物馆、长乐故事民俗馆、汨罗市摄影家协会等提供大量图片、影像；谢湘波先生、黄松柏先生、徐梅艳女士、徐典波先生、李锋先生、郑大军先生、易薇女士以及不少我不认识甚至无法知晓名字的默默相助的人，提供了大量的摄影作品任我选择；尚冬华女士抽出宝贵时间设计封面与进行书籍排版；赵燕军先生编辑工作的细致与严谨……这些，为这本册子增色不少。自然，湖南美术

142

出版社也是必须感谢的。总是会有温暖的光亮照亮着人前行。我想，做这件事的时候，我不是孤独的。背后这么多人倾注的力量更为强大，强大到我无以言表，只能重复用"谢谢"两字来表达。谢谢你们！

总有一些微弱的萤光会释放。正如 2012 年写家乡的书时，玩了一辈子"故事"的镇子上的人大部分不知"非遗"为何物；2025 年，有越来越多的人，当知道你是生于长乐时会说：哎呀，你们那里那故事……而镇子上的人几乎人人可以笑弯了眉眼向外人细数一二。一花一世界，小小的村野也会有其摇曳的风华。

祝家乡越走越好！

祝散落在广袤的中国土地上的千千万万如长乐般小却用力活着的村野越来越好！

余思慧于湖南岳阳

图书在版编目（CIP）数据

玩故事：国家非物质文化遗产长乐抬阁故事会探究 /
余思慧著. -- 长沙：湖南美术出版社, 2025.4.
ISBN 978-7-5746-0770-5

Ⅰ. G127.644
中国国家版本馆CIP数据核字第2025LB3013号

玩故事——国家非物质文化遗产长乐抬阁故事会探究
WAN GUSHI——GUOJIA FEIWUZHI WENHUA
YICHAN CHANGLE TAIGE
GUSHIHUI TANJIU

出 版 人：黄　啸
著　　者：余思慧
责任编辑：赵燕军
责任校对：汤兴艳
装帧设计：尚冬华
出版发行：湖南美术出版社（长沙市东二环一段622号）
印　　刷：长沙新湘诚印刷有限公司
开　　本：787mm×1092mm　1/16
印　　张：9.75
版　　次：2025年5月第1版
印　　次：2025年5月第1次印刷
定　　价：78.00元